巨匠 エットレ・ソットサス

編集＝ミルコ・カルボーニ

執筆＝アンドレア・ブランジ　ハーバート・ムシャン

ジャンニ・ペッテーナ　バルバラ・ラディチェ　パトリツィア・ランゾ

協力＝エットレ・ソットサス・アソシエーツ

翻訳＝横山正

発行＝鹿島出版会

The Work of Ettore Sottsass
and Associates

Edited by Milco Carboni

Published 2000 in Japan
by Kajima Institute Publishing Co., Ltd.
Japanese translation rights arranged
with UNIVERSE PUBLISHING
through Orion Literary Agancy, Tokyo

目次

Sottsass Associates 1999

Sottsass Associates from 1980 to today

Daniel Aeschbacher, Anna Allegro, Flávia Alves de Souza, Michael Armani, Fabio Azzolina, Federica Barbiero, Michele Barro, Veronica Bass, Martine Bedin, Dante Bega, Elide Bega, Johnny Benson, Alberto Berengo Gardin, Cora Bishofberger, Pietro Bongiana, Manuela Boniforti, Guido Borelli, Ambrogio Borsani, Viviana Bottero, Laurent Bourgois, Edoardo Brambilla, Ulrike Broeking, Ruth Cabella, El Cannibal, Milco Carboni, Beppe Caturegli, Liana Cavallaro, Franco Cervi, Aldo Cibic, Annalisa Citterio, Elena Cutolo, Alberto Davila, Elisabetta Della Torre, Monica Del Torchio, Giuseppe Del Greco, Claudio Dell'Olio, Paolo De Lucchi, José de Rivera Marinello, Cristina Di Carlo, Simone Dreyfuss, Richard Eisermann, Bonni Evensen, Blanca Ferrer, Peter Flint, Franca Foianini, Eugenia Folci, Maya Fong, Giovanella Formica, Barbara Forni, Riccardo Forti, Maria Paola Frau, Raffaella Galli, Massimo Giacon, Susanna Giancolombo, Paola Giovinelli, Annette Glatzel, Bruna Gnocchi, Theo Gonser, Nuala Goodman, Johanna Grawunder, Valentina Grego, Gertrud Gruber, Valentina Hermann, Shuji Hisada, Hugh Huddleson, James Irvine, Fumiko Itoh, Takeaki Kaneko, Maki Kasano, Paola Lambardi, Annette Lang, Larry Lasky, Oliver Layseca, Tina Leimbacher, Catharina Lorenz, Franco Luchini, Mercedes Jaén Ruiz, Nathalie Jean, Mona Kim, Walter Kirpisenko, Christopher Kirwan, Francia Knapp Mooney, Ron Kopels, Donato Maino, Marco Marabelli, Loredana Martinelli, Frédéric Mas, Cristina Massocchi, Luciana Mastropasqua, Cecilia Mazzone, Lorenzo Meccoli, Patrick Mellet, Costanza Melli, Sergio Menichelli, Monica Merlo, Mario Milizia, Yasukio Miwa, Alba Monti, Sebastiano Mosterts, Gianluigi Mutti, Davide Nardi, Nicola Nicolaidis, Jon Otis, Caterina Padova, Massimo Penati, Laura Persico, Massimo Pertosa, ,Susan Phelps, Adalberto Pironi, Roberto Pollastri, Marco Polloni, Timothy Power, Antonella Provasi, Christoph Radl, Elisabetta Redaelli, Christopher Redfern, Maria Marta Rey Rosa, Douglas Riccardi, Sara Ricciardi, Nicoletta Roia, Francisco Romero, Riccarda Ruberl, Mike Ryan, Giusi Salvadè, Maria Sanchez, Paolo Sancis, John Sandell, Mika Sato, Sabina Scornavacca, George Scott, David Shaw Nicholls, Eugenia Sicolo, Tony Smart, Ettore Sottsass, Vittorio Spaggiari, Antonella Spiezio, Jenny Stein, Marco Susani, Ken Suzuki, Gerard Taylor, Giacomo Tedeschi, Flavia Thumshirn, Matteo Thun, Viviana Trapani, Jorge Vadillo, Susan Verba, Tiziano Vudafieri, Anna Wagner, Wendy Wheatley, Gail Wittwer, Bill Wurz, Yasuo Yamawaki, Carla Zanelli, Marco Zanini, Neven Zoricic.

プロジェクト

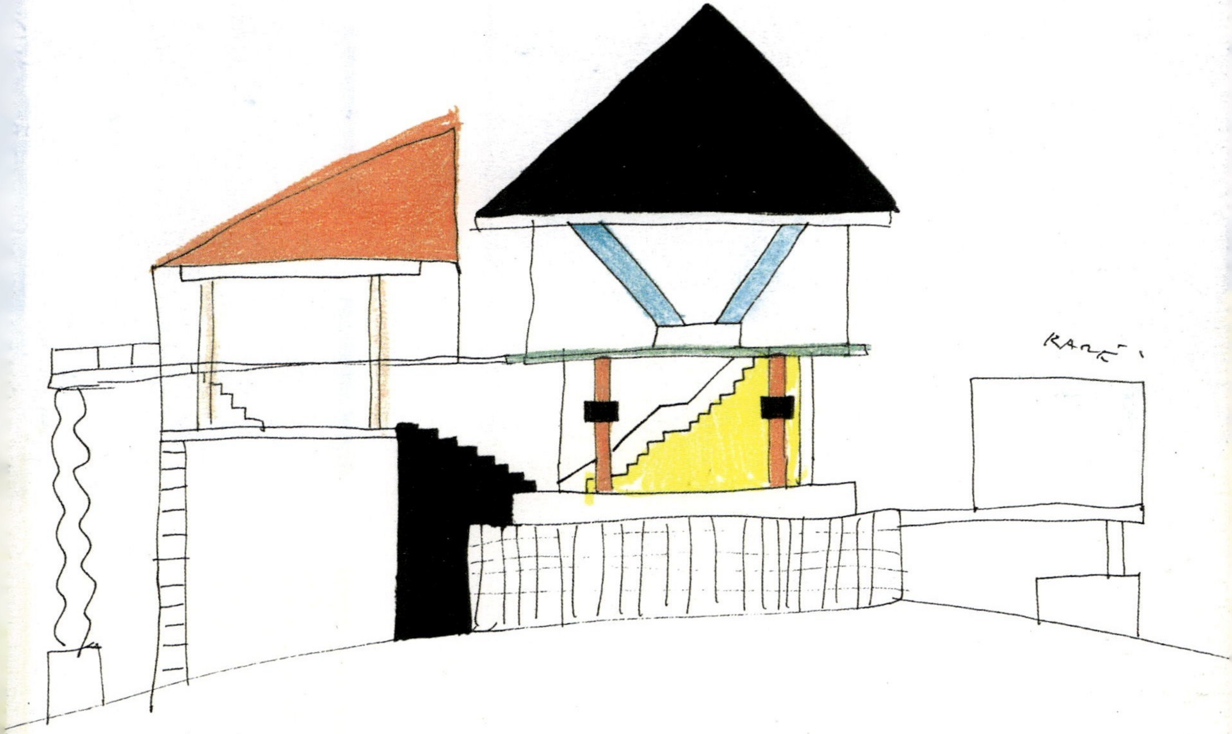

エットレ・ソットサス、「無題」、紙に墨、1992

世界の形の質

アンドレア・ブランジ

エットレ・ソットサスの仕事について私が出来ることと言えば、彼のプロフェッショナルとしてのキャリア、また私たちの友情の歴史をさらに大きな枠組み、すなわち戦後および現代のデザイン史の中に置いて語ることであろう。

エットレが面白いのは、彼がまったく彼自身の形の論理、ドローイング、それにその思索の中に浸りきっているように見えるところだ。それゆえ彼はその私的な活動の中に完全に自分を見せ切っているアーティストでありインテリであって、そこにはいささかの無駄も不完全なところもない。ただ違う角度から見れば、彼は過去40年間に私たちの仕事の仕方を変えてきた大変広汎な文化運動のつねに中枢に在りつづけて来たということも分かる。

エットレは彼が言葉でなく行為によって個人的に引き起こしたいつ果てるともない論争のまっただなかに居る行者のようでもある。彼はつむじ曲がりの性格だが、いっぽうたくさんの深く長続きする友情を培ってきてもいるのである。

バルバラ・ラディチェはエットレはいまにいたるも友情の何たるかを知らないと書く。たしかに彼が培ってきた数少ない友情は、ただの好みや信頼に基づくものではなく、文化的な闘志をわかち合うことによるものである。生活の中でただひとつ重要と考えられるもの、すなわち思想をめぐっての激しい争いにともに参加していることが彼らの支えである。

というのもエットレはごくまれに見る好戦的な建築家だからである。彼はデザインというよりも彼自身の思想のプロフェッショナルな実践家である。私たちの友情もまたこの闘争性とその結果として生まれる連帯感と愛情に基づくものである。

建築家の技倆は通常、目的ではなく手段として受けとめられる。私たちの戦いも、すぐ間近でみるならば、それはけっしてデザインについてのものではなく、もっぱら人間の宿命と産業主義の浮沈に対するその関係をめぐってのものと分かる。

それゆえ私はここで彼が戦後のデザインに与えた大きな影響を理解するために、彼の仕事の根幹をなす洞察力、すなわち彼の作品を同時代の他の主導的なデザイナーのそれと決定的に分ける、その思考の構造と偉大な表現力を解き明かしてみることにしたい。

エットレの背景とその置かれる文脈はいわゆるイタリアンデザインのそれであり、国際的なスケールでの実験的なワークショップである。すなわちイタリア独自のことはもちろん、さらに私たちの産業システムの歴史やその主要な課題をも包含するもうひとつ高い尺度で決定が下される実際的な場である。

これは何もかもを取り込むインターナショナリストの姿勢でもなければ、またもっと悪い植民地主義者のそれでもない。それはむしろ歴史的欠陥とも言うべきものに由来することであって、大きな責任を持ち頽廃に悩む歴史の古い諸国に典型的な姿勢と同じものである。この姿勢——すなわち大きな責任の感覚——は全ヨーロッパに共通している。しかしエットレにあっては、彼がイタリア人でありかつオーストリア人であるということによってそれは倍化する。彼を疲れさせるのは彼の仕事そのものではなく、その仕事が究極的には人類の悲劇や喜び——この2つはつねにないまぜになる——に直面する形で求められることの責任である。エットレの記号の示す目に見えての喜びは、その作品すべてが見せる本質的にドラマティックな資質によるものである。その陽気なほほえみには、人間が孤独であるという意識と、この孤独の存在に対して何らかの手立てと花を差し出さんとする心が籠められている。
若きソットサス――戦争とサラエボでの虜囚を生き延びた――が活動を始めた戦後のイタリアンデザインの状況は、過去が捨て去られ、しかし何らの方法論もなしに未来と向き合っている、物質的にも政治的にも瓦解したそれであった。
イタリアの戦後の文化的風土を特徴付けたのは、何かに「抗して」デザインをしようという意志であった。かつては逆に何かの「ために」デザインするのが唯一の方法だったからである。人々はドイツのようにデザインに科学的な妥当性を求めることは無かった。逆に彼らは新しい可能性を切りひらくことに熱中したのである。不完全で不確かでどんどん膨張していくモダニティの観念がすでに形をとっていた。それは弱点とか離脱を問題とするシステムに立脚するものであったから、すでにいくぶんポストインダストリアルの様相を呈していたと言える。
イタリアのデザイナーの取引相手は産業であった。しかし双方ともそれぞれの自立性を保持し擁護して、それを共通の財産として扱った。デザイナーは自らを専門家であるというふうには感じなかったし、産業側は文化十字軍の船出をするよりは自らのビジネスに懸命であった。このような訳で彼らの婚姻がつつがなく進んだのである。
実際、イタリアではデザイナーと実業家はともに反対派の側に立っていた。というのも彼らはともに近代化の路線を押し進めていたからであり、いっぽう中産階級の利益を擁護する中央政府は、産業資本やインテリ改革派に敵対する形でこの近代化路線を妨害していたからである。
それゆえ戦後のイタリアの状況は反動的、地方的であって、大規模の社会的、環境的な連帯よりも、むしろ不連続の状態を造り出そうという主張をもった才能がはちきれんばかりであった。産業の近代化の至上命令がぐんぐん推進された他の諸国と異なり、イタリアではデザイナーが何のこだわりもなく大量生産の仕事もやれば、ブリアンツァの田舎棟梁の仕事も手がけていた。この国は新しい標準語と同時にアナーキーで異端の記号が求められ、ハイテクに着手するいっぽうで、また心材や鍛鉄を求めるところなのである。この国はいっぽうで進歩を信奉しながら、また同時に瞑想の技法や科学と直観の双方に基礎をおく進歩という考えにも心を委ねるのである。
それゆえ若きソットサスが戦後のイタリアに見出したのは、肥沃できわめて独創的かつ創造的な環境であった。しかしそこには消費者の消費の増加に対するタブーが存在した。ヨーロッパのデザインの精華は、すでにバウハウスの時代に工業生産の論理にしっかりと把えられてしまっていた。それは消費財をモダニティの危険な変形、文明とテクノロジーの展開が生んだ合理性への攻撃と見なしていたのである。
ウルムのトマス・マルドナードの一派はアルゼンチン人の目から見たヨーロッパ観をもって50年代のデザイン論争を支配した。カルヴァン主義的な倫理観念をもつ彼は、まったくテクノロジーの分析と構成的手法のみに基づいた科学的なデザイン理論を案出し、いささかも消費者の感情が介入することの無いよう、それを凍結し機先を制することを目指したのである。かくして製品の生産はその形態という点からも抑圧されたのであった。工業製品は高度に工業化された合理的な社会に適合する合理的な存在でなければならなかったのである。
これが行きついた先は、例外を抑制し複雑なものを平坦化して秩序を展開するという実行不能な考え方がもとのまったく身動きならない矛盾であった。というのも例

エットレ・ソットサス、「指環」、1963

外とか複雑といったものこそ、まさに資本主義、自由市場、産業主義自体の展開が生み出す特性だからである。

当時イタリアで勢力があった政党はキリスト的民主党と共産党であったが、彼らもまたそれぞれ異なる理由から消費の増加に反対し、伝統的な教育の擁護にまわった。

こうして経済ブームと60年代初頭のあいだのイタリアでは論争が膠着し、とくに何ら現実的な展望もなく、またその発展も阻止された状況にあったデザインは、「第3の道」として政治（計画経済）と文化（計画芸術）のモデルに協同するという危険な混乱の道を追い求めたのであった。

この道学者風で地方性の強い状況のなかで、エットレは完全に独立した彼独自のアプローチをとることにしたが、それはやがて大きな影響を及ぼし、その多様な文化的仮説ゆえに彼を議論の中心としたのである。またこれらの仮説はその後さらに円熟したものとなっていったが、これには新しい世代のデザイナーたちの力もあずかっていた。

同時代の他のイタリアの建築家とは違い、彼は広い国際的なスケールの王道を目指して独自の自己形成の道を歩んだ。

1961年、彼は2つのたいへん長期にわたる旅行をしたが、それは彼の文化的なDNAをまったく組替えてしまうほどのものであった。

最初の重要な旅はインド（セイロン、ネパール、ビルマを含む）へのものであった。それは通常の建築を求めての旅ではなかった。エットレがそこから引き出したのは、デザインにおける言語や形態の資料などではなく、以後つねに彼とともに在ることになる実存の哲学であった。

インドの灼けつくように暑くドラマティックな胎で得たこの哲学は、世界のいっさい、すなわち宇宙、その法則と悲劇、歴史といったものすべてを在るがままに受け入れる境地に達せしめた。それは無批判、無関心の受容ではなく、私たちのカトリシスムと合理主義の文化に典型的な批判と選択のシステムを全世界的意識、善と悪、生と死を同時に捉える視点へと移し変えることで得られたものである。これらすべては東洋の文化に典型的なものであり、とりわけインドにおいてそうである。そこには悲劇的な外観の内部に静謐があり、もはや何者をも怖れない英雄的なエネルギーがある。

同じ年、彼はアメリカを旅したが、それは彼を死の淵に追い込んだ重いネフローゼの治療をパロアルトで受けるためであった。回復した彼はウエストコーストのビート詩人たちのコロニー（アレン・ギンズバーグ、ジャック・ケロワック、グレゴリー・コルソ、ローレンス・フェルリンゲッティ、ボブ・ディランなど）と親しく付き合いはじめた。エットレの妻ナンダは彼らの詩をイタリア語に訳し、エットレの思考回路のなかでは、この新しく芽吹き始めた文化を理解する準備が完全に整ったのである。

エットレはその病室から友人たちに一種のニュースレターを送り届けている。そのタイトルは彼が滞在していた病院の棟番号にちなんだ「イースト128」であった。そのグラフィックデザインはヨーロッパで大流行の合理主義的なレイアウトの伝統からすでにまったく逸脱していた。そこでは出現しつつあったアメリカのポップアートやアブソリュートリアリズムもまた超えられていた。「イースト128」は商業的イメージを幾重にも重ね合わせて出来た哲学的な言語であり、そのページは便り、記号、情報がぎっしりと無限に詰まった織物の断片であって、手短かに言えばそれは存在するいっさいがっさいをサンドイッチにしたものだったのである。そこにはいさ

エットレ・ソットサス、「エフィラ」吹きガラスの花瓶、メンフィス社、1986

エットレ・ソットサス、「レモン・シャーベット」木、プレキシガラス、ガラスモザイックによる家具、ブルム・ヘルマン社、1987

さかも優雅と言うべきもののしるしはなかったが、かといってけっして俗悪ではなかった。そこにはその前では先入観による拒絶や古い判断手段が無意味となるような宇宙観への没入と絶対的な帰依が示されていたのである。

この現実の受容、この実存へのまずもっての深い没頭は、ニーチェの歴史の受容の仕方に似るところがある。エットレがいつも言うように、その起源はインドにあり、それも政治や道徳の外のこととして、建築以前に存在するのである。

それゆえ古いヨーロッパの合理主義にとって代わるものとしての消費者文化への彼の執着はきわめて独自なものである。彼はけっしてアメリカ人のようなポップアーティストではないし、また若いイタリア人に良くある真にラディカルなデザイナーでもない。エットレはインドを通じてアメリカを受け入れたが、実際にはそれは同じ問題を 2つの別の側面から見るようなものだった。貧困と裕福は同じ貨幣の裏表であり、ひとつ物語の2人の登場人物なのである。実際、1967年にイタリアに戻ってきたとき、彼はミラノのスペローネ画廊でいみじくも「メンヒル、ジッグラト、ストゥーパ、消火栓、ガスポンプ」と名づけた大きなセラミックの一群を展示したが、それは宗教的な対象であり、また同時に消費財でもあったのである。

あらゆるものはひとつの大きな生のサイクルの部分であるというのも、エットレが同じくウエストコーストの友人であるビート詩人たちから学んだ教訓である。彼らの実存に対する解放されたヴィジョンにあっては、禅は缶詰食糧と相伴ってあるものであり、ノーマディスムはマスハイテクとともにあっておかしくなかった。

彼がビート詩人たちから学んだことできわめて大事なのは、政治の概念を異なる次元で認識することである。それはもはや主たる思想的、社会的綱領において一致すればいいというものではなく、生に繋がる創造性の実践でなければならなかった。バルバラ・ラディチェが記しているように、彼らにあっては文学と実存はひとつことであり、エットレにとってはそれは美学が政治的価値となることを意味していた。このように彼の背景はヨーロッパの過去の合理主義者のデザイナーや文化人をもって任じた人々とは大きく異なっていたから、当時生まれつつあったイタリアの前衛グループ、それもとくに1966年にフィレンツエで出会ったそれにたちまち強い親近感を抱くにいたったのである。

私たちもまた、同年代のすべての人々と同じく、ビート族の哲学に影響を受けた。私たちもまたポップアートの戦闘的な部分であった。しかし私たちの背景はまったく異なっており、私たちのした悪さはエットレが髪の毛を伸ばし足に鈴をつけてほとんど「花の子」の装いをしたあのヒンドゥーの平和主義とは遠く隔たっている。

その中心人物としてラディカル建築の時代を過したものの、エットレはけっして真にラディカルなデザイナーではなかった。革命の季節は彼の仕事の仕方を１ミリたりとて動かすことはなかった。逆にそれはこの期間にさらに強固なものとなったのである。フィレンツェの若い前衛グループのまさに爆発せんとするような雰囲気の中で、エットレはまさしく空気に圧力がかかっているのを感じ取っていた。方法、記号、コンセプトなど、デザインの文化のあらゆる面にわたっての刷新に深くかかわる状況が生まれていることを。彼は知的に重要な人間関係だけでなく、彼とは違う元気の良いシンパも見出した。ここで何より重要なのは、1966年から72年にかけてのラディカルの時期に、彼が熟成した人類学者的な側面をそなえていたことであり、またすでに確固たるプロフェッショナルの地位を築いていたことである。

この意味で彼の役割は——まさしく彼が遠回りのことをしてきたがゆえに——イタリアの運動にとって、その質、成長、なかんずく継続性という点で紛うことなくその根幹をなすものとなった。

イギリスやフランス、オーストリアにおけるラディカルの時代は、ひとたびその革命の頂点が過ぎてしまうと、何人かの目立った新しい人物を舞台に残し（ピーター・クック、ハンス・ホライン、クープ・ヒンメルバウ）、全体としてはおぼろげになって消えていった。これに対してイタリアでは、1970年代から1980年代にかけてヌォーヴォ・デザインが文化的にも職能的にも成長を遂げ、ポスト・インダストリー文化の中心をなす運動となった。そこではたえず新しい人間関係が生まれ、主導権を握るもの（アルキミア、メンフィス）があり、新しい刊行物が出、新しい主題、探索が生まれたのである。

私たち若い世代の人間のすべては論争にかかわった。消費者文化を奉ずることは、ポップアートやビートの世代、イギリスのロックミュージック、ニューファッションが唱導し議論を戦わせたように、これまでと異なるグローバルな近代化を展開させる方法であった。その対象は、都市と家庭の風景にとどまらず、公共あるいは個人としての行動にまで及んでいた。

それはシステムの統合の度合が高まっていく過程であったが、それはまた同時にシステム内の矛盾が高まっていく過程でもあった。私たちが属する1968年世代の皆は、この矛盾の中を腹を立てながらもある確信を持って動きまわった。当時、不確かさが実際に政治の新しい大テーマになるであろうとか、あるいは経験主義が新しい世の中を動かすカテゴリーになるだろうとかいった考えはまったく存在しなかったのである。

これらすべては続く数十年のあいだにやっとのことで獲得されたものである。しかし1968年の当時のヨーロッパでは、政治はいまなお真理のシステムの探求でありその肯定であった。この肯定は口で語られる（あるいは叫ぶ）か、それとも街頭デモの形をとって行われたのである。

エットレはこれらすべてにまったくいかなるかかわりをもたなかった。実際、彼は議論の余地のない確かなシステム、言語活動、それにいかなる場合も人間の日常的あるいは宇宙的な実存にプラスの結果を生み出せない行為としての政治とはいっさいかかわりをもってこなかったし、いまもそうである。

エットレは自らの不確かさのシステムと社会の変革は文化のことであって政治のことではないという信念をいまも深く抱いている。それゆえ彼は演説と激しい政治活動によって現に存在するいっさいの場所が苛酷に徴発されていくのを憂慮しつつ見ていた。彼は1968年以前の世代がその日常生活と文化の中に大きな勇気をもって立ち上げてきた並外れて創造的で肥沃な遺産が脅威にさらされていると感じたのである。

ある意味では1968年の本当の犠牲者は実際、1968年以前の世代であって、中産階級ではなかったのだ。後者は何も失っていない。彼らはすべてが子宮の中で演じられる心理ドラマの主役を演じていたのだから。これに対して1968年以前の時代の主要な俳優たちは、彼らの作業台や平和主義の希望が覆えされるのを目のあたりにしたのである。彼らはファシストの暴漢に顔突合せ（エットレはミラノのガレリアでその長髪とインディアンの酋長の被り物ゆえに叩きのめされた）たし、工場の組合の労働者たちにも攻撃された。ポルトロノヴァ社の連中は

エットレ・ソットサス、「無題」、紙に墨、1992

室内スピーカーで「赤旗」を流し、エットレの用無しの家具の製造を中止するよう経営陣に要求したのである。

エットレはラディカル建築の時代に遭遇した。しかし彼は新しい文化の運動や哲学との積年の繋がりのゆえにすでに一個のラディカルであっただけでなく、彼の若い冒険者仲間の世代にはまったく欠けていたプロフェッショナルとしての円熟もそなえていたのである。

オリベッティ社のためには、エットレは、すでに1959年に最初の大きなコンピューター、エレア9003をデザインしており、1964年にはタイプライター、テクネ3をデザインしていた。

しかし私はここで彼の大企業との仕事について別の視点から語ってみたい。というのもエットレのオリベッティ社とのかかわりの歴史については、その結果だけでなく、それの基盤をなしているすばらしいまったく独自な方策についても分析してみる必要があるからだ。それはバルバラ・ラディチェが以下に述べるように、エットレのもっとも重要で基本的な直観にかかわってのことである。

「エットレはオリベッティ社で1960年代のはじめまでフリーランサーとして仕事を始めていました。このとき、ロベルトがうんと高給をはずむからオリベッティに勤めないかと申し出たのです。エットレは熟慮したあげく、これを断り、例によってロベルトに逆に提案し返しました。これは会社とデザイナーのあいだの取引関係にまったく新しいシステムを持ち込むものでしたが、ロベルトは飲みました。以来これは大変うまく機能し、30年後のいまもなお良い関係が続いています」。

「エットレは会社にデザインスタジオを開設することを申し入れました。協力者への支払いはオリベッティ社が行い、管理もオリベッティ社が行なうが、人は彼が選ぶものとして。彼はフリーランスの協力者の地位にとどまり、スタジオを指揮する。またスタジオのチーフデザイナーたちも会社とフリーランス契約を結ぶと」。

「この解決はすばらしいものでした。それは全員の利益と満足にかかわるさまざまな問題を解決したからです。まずデザイナーは自らのために働く自由をもったことで、社内のルーチンワークや産業の世界につきものの内部争いなどに呑み込まれたり、大なり小なり潰されたり、さらには干上げられるということがなくなりました。さらにもういっぽうでフリーランスゆえの他社との契約がアイディアの回転を良くし、文化的に最先端である可能性を保証したのです」。

「スタジオが開かれ、エットレは最初からハンス・フォン・クリエ、アンドリース・ファン・オンク、ジョルジュ・ソーダン、梅田正徳、タイガー立石といった国際的な協力者を求めました。1960年代と1970年代、ミラノのマンゾーニ街14番地のオリベッティのオフィスは世界でもっとも興味深く革新的なデザインセンターの一つでした。ロベルトとのあいだの友情とフリーランスの立場のおかげで、エットレはオリベッティ社とのあいだの格別な特権関係をエンジョイしました。彼が責任を負うのはロベルトに対してだけで、ほかの誰に対してでもありません。エットレはロベルト、マーケットマネージャー、技術デザイナーたち、プロダクションマネージャーと並んで決定を下す会議に出、会社の全体的なイメージにかかわる計画や企業戦略を論じ審議したのです」。

デザイン理論の第一線に立つと考えられている人々は、デザイナーたちを大企業に統合するドイツ型のモデルを作り上げた。ところがイタリアではこれとは異なるモデルが生み出され、それは会社、デザイナー相互の自立性という考えのゆえに、あらゆる点で勝ちを占めるに

エットレ・ソットサス、「無題」紙に水彩、1989

いたったのである。

このモデルにあっては、デザインは製造上の問題を解決することに限定された産業上の機能ではなく、歴史の変化のうちに身を置いた戦略的な活動であり洗練された文化であって、それゆえにこのモデルによって大企業はデザインを通して社会におけるそのアイデンティティを賦与していくことが出来るのである。エットレの考えは、社会と文化との統合を目指すのではなく、その代わりにそれぞれの領域内に発展のための新しいチャンスが得られるような場を見つけていこうとするものであった。このヴィジョンはまた「コムニタ」と名づけられた改革運動に傾倒したアドリアーノ・オリベッティのバルド派的な倫理思想にも合致するものである。

この独自な新しい発想は、オリベッティ社のみならず、イタリアのデザインシステム全体に大きな恩恵を与えた。イタリアのデザイン界はつねにこの方式を参考にしている。そうしていま、すべての西欧（同じく東方も）の産業が深刻な経済及び地政学的危機を乗り切らんと懸命になり、デザインとの新しい戦略的関係を展開し樹立する新しいシステムを創りださんとしている今日、ふたたびこのエットレの事跡に大きな興味が注がれているのである。

エットレ・ソットサス「ずっとまえにスペインから帰って来る」木、プレキシガラス、大理石、スティールによる家具、ブルム・ヘルマン社、1989

ラディカルからメンフィスへ

ジャンニ・ペッテーナ

研究という立場での実践や刷新は、1950年代に日本の「メタボリスト」グループ――磯崎新や菊竹清訓のようにほとんどが丹下健三の学生や助手たち――や「ユートピスト」として知られるその他の連中によって提示されたデザインのうちにすでに明確化されていた。しかし建築及びその主たるコミュニケーションの手段であるデザインに対して、それを改訂し新しい基礎を創り出すラディカルな過程を現実にぶち上げたのは、ロンドンの「アーキグラム」グループのデザインコンセプトとその考察であった。アーキグラムはあるすばらしい場所、すなわちアルヴァン・ボヤルスキーが生命を吹き込んだ学校、ロンドンはベッドフォードスクエアのAA校が生み出した学生とそのシンパから構成されていた。当時のそこは、ピーター・クックやその他のアーキグラムのメンバーにとどまらないそこに居るすべての人々と出会うことが出来る場所で、私たちはついにはパリからベルリン、トリノ、ミラノ、ヴェネツィアにいたるまでの展覧会や雑誌に現れる著述やデザインを通して、彼らと長距離の会話を交わすまでになっていた。私たちはまた私的な刊行物や直接の会話でもコミュニケーションをとり合ったが、その結果、つねにほとんど独自の道を歩んでいたにもかかわらず、おそらく無意識のうちに同じ模索の方向へ入り込んでいったのである。

アーキグラムが求めた革新の過程は、ハイパーテクノロジーの都市のプロジェクトに山のような皮肉を浴びせかけること――いつと指示しない未来として、巨大でロボットめいた象の形の都市を提示する――と並んで、色彩とスーパーグラフィックの挿入のような手法を用いるものであった。いっぽう、オーストリアでの追求は、視覚芸術における実験にぴったりと調子を合わせていた。ホラインとピクラーの宣言、パイントナーのドローイング、ハウス・ルッカー・コーポレーションやザルツ・デア・エルデのパフォーマンスといったものは、エイジングと退化といった文化的主題につきもののコンセプトと言語が重なり合う特性を示しており、この認識から挑発的で刷新的なデザインを予見させる解放の観念が出現した。このデザインは遺産としての幾何学的な秩序から出発し、言語的なメタファーや革新をふんだんに受けとめたものである。この対象はパフォーマンスからはじまって家具、インテリア、建築、さらには理論テキストの小冊子にまでおよび、それらのすべてがヨーロッパとアメリカの視覚芸術の同時代的な実験との密接な連繋を示していたのである。

イタリアでは1960年代の後半における実験（フィレンツェとミラノを起点とする）が、もっとも明確かつ複雑な形をもって新しいデザインコンセプトの出現を告げた。この新しいコンセプトは当時の若者の文化の一般的な展開に完全に歩調を合わせたものであり、またそうした文化の成熟をオーソドックスな形で解説する役目を果たしたのである。

イギリスとアメリカのポップアート（1964年ヴェネツィア・ビエンナーレにおいて）と「アルテ・ポーヴェラ」、それにコンセプチュアルアートの展覧会は、当時すべての芸術活動に影響を与えたものとして言及せずには済まされない重要なものである。しかしこの時期のイタリアの実験の全局面にわたっての方向を予見する方法がひとつある。著述および家具、ドローイング、セラミックといった形でのソットサスの視覚的表現である。ソットサスが1960年代のはじめからポルトロノヴァ社、ビトッシ社、アベット・プリント社のために始めた仕事は、スケールやデザイン言語、きまりきった型の限界を無視し乗り越えていく新しさを示しており、魅了されず

エットレ・ソットサス、チョウ邸の家具　1960

にはいられない自然さとさらにはたやすさによって、あり得べき模索の道筋を指し示していたのである。

のちに「ラディカル」の実験と名づけられる2つの新しい流れ、すなわちまずはフィレンツェのアーキズームとスーパースタジオ、ついで遅れてユーフォーとペッテナは、最初のものについてはアーキグラムの活動などからの派生とポップの影響が著しく、また後者は「アルテ・ポーヴェラ」及びコンセプチュアルアートあるいはパフォーマンスアートとの関連をその特徴としている。しかしもしそれらの中に当時ソットサスが展開していた仕事が暗黙のうちに与えた影響の重さもまた見なければ、正しい理解をしたことにはならないであろう。

イタリアにおける「ラディカル」の実験は2つの点においてソットサスに大きな影響を受けており、これがその実験をイギリスやオーストリアのそれと分けている。すなわち家具のデザインとおびただしい理論についての著述である。

家具の役割や尺度は「フィレンツェの活動家」の何れにとってもまったく個人的なものとして映った。しかし彼らはそこに意図、方策、イデオロギーのアレゴリーを真に統合するものとなる欲望の表現を行ったのである。アーキグラム、アーキズーム、スーパースタジオ、それにホラインは、皆、ノンストップシティ、エアクラフトキャリヤーシティ、「切れ目のないモニュメント」といった「グローバル」な解決をデザインし理論化した。しかしアーキズーム、スーパースタジオ、ユーフォー、ペッテナのみは、寓意的で建築的な家具をデザインし造り出した。本物のマニフェストに先立つか、あるいはマニフェストについで現れる、それ自体がマニフェストであるような家具やインテリアを。彼らはまた「実存」の複雑なシステムを把握し説明するための理論的なテキストやトゥールも用意したのである。これはまさにソットサスがポルトロノヴァ社の家具、ビトッシ社のセラミックなどで行い、また行いつつあることであった。それらは、材料、色、尺度といった点で私たちをそれまで知らなかった自由へと誘ったし、彼はまたそれにピアネタ・フレスコが刊行するテキストを添えたのである。

1970年代の初頭には実験を行っていく過程やコンセプトをたえずやりとりする可能性が大きくひらかれた。その中心となったのは、ラ・ピエトラの雑誌「イン」、フランソワ・ブルクハルトが館長を勤めるベルリンのIDZのようなところの展覧会カタログ、モニカ・ピジョンの「AD」、それにとりわけ雑誌「カサベラ」であった。アレッサンドロ・メンディーニが編集する「カサベラ」は、正統派（グレゴッティのプロジェクト）とリベラル派（ゲルマノ・チェランのランドアートやコンセプチュアルアート）のあいだに立って、たんに彼らを繋ぐというだけでなく、情報のゆたかさと多様性を誇ったのである。またグローバル・トゥール、1973年のミラノ・トリエンナーレ、少し遅れてのアルキミアは、それらに続くさまざまな現象学を理解するに欠かせない相互に繋がりをもつ経験であった。

グローバル・トゥールによって夢は現実の形をとった。名の通ったシンパたちのあいだに意見の交換と対比の場が生まれた。それはまた学校とも呼ばれ、その創設者たちは自らを教師と名乗ったが、彼らはなかんずく学生でもあったのだ。実験的な活動はその「共通の」体験とデザインのプロトタイプが具体化される「専門分野」によって分けられた。異なる時期、地理的に異なる場所での別々の動き、あるいはこれに続く「実験的な」世代がここで一堂に会したのである。

この組織を思想的かつ精力的に推進したのはアンドレ

エットレ・ソットサス、「大量生産のセラミック」展のポスター、セスタンテ画廊、ミラノ、1958

ア・ブランジであり、彼は批判的な探求へと向かわせ、良く組織された成果を生み出した。1973年のミラノ・トリエンナーレにおけるラディカルのセクションへの参加はその例である。(このとき国際デザインのセクションのコミッショナーがソットサスで、ブランジはコーディネーターを勤めた)。そのころ、ブランジの「カサベラ」における呼び物コラム「ラディカル・ノート」とともに、メンディーニとラッジの著述、ソットサス、スーパースタジオ、アーキズーム、ペッテナ、ユーフォー、ダリジによる一連の出版物があり、その理論や実験はとりわけチェランがその共通の探索の場に比較のために持ちこんだ視覚芸術(「アルテ・ポーヴェラ」、コンセプチュアルアート、ランドアート)のそれとひとつになっていた。

1977年から78年にかけてソットサスとブランジがクロフ・カーサ社のために造った家具、また遅れて1978年から79年にかけてアルキミアのために造ったそれは、用途をもつ日常のオブジェ、インテリアの要素といったものを含み、そうした形態の現実的な工業生産への適用の最初の例となった。これ以前に造り出された家具は、実験における「グローバル」の部分を表わさんとしたり、コンセプトを生で持ちこんだり、再度「ラディカル」を批判的に再構築しようとしたりするもので、ときにそれはタイポロジーやイデオロギー(いす、ソファ、トーテム、ストゥーパ、ジッグラト)の世界に諷刺を求める形をとった。しかしアルキミアが日常生活におけるタイポロジーをみごとに解釈できるデザインコンセプトを提示したことによって、こうした公理の定義の図解のごとき方法は棚上げされてしまうのである。

ソットサスの仕事はセラミックを別とすれば2つの大きな方向に移行していったように見える。ポルトロノヴァ社の家具とオリベッティ社のためのインダストリアルデザインの活動である。彼は慎重にデザイン言語の探求に向かうが、それは再度コンセプトを検証するものであり、その実験は同時代の視覚芸術における経験とのあいだに対話を生んだ。この現われがラミネート板を用いての家具、ガラスやセラミックの作品、著述、加うるに想像力溢れるドローイングである。私たちは1972年の「カサベラ」誌の「祭りの惑星」、1974年の「ベッディング」誌の「マジック・カーペット」、1972-74年の「デザイン・メタファーズ」誌などにおけるイラストレーション、あるいはソットサスが「構成」と呼んだ屋外のインスタレーションなどを想起すべきであろう。それらは少し遅れて1976年の「存在/不在」展におけるアイロニーに満ちたドローイングのかずかず(「もし私が金持ち、それもうんと金持ちなら」、「折衷主義建築」、「誰がフランク・ロイド・ライトを怖れるか」)へと結晶する。

フィレンツェのグループとのかかわりは1970年代の初頭にグローバル・トゥールで生まれるが、そのいっぽうには一連の展覧会への参加がある。すなわち「イタリア:ニュー・ドメスティック・ランドスケープ」展(ニューヨーク、1972)、1973年のミラノ・トリエンナーレ、ベルリンのIDZ、ボローニャの「存在/不在」展などで、それは1970年代を通じて進展し多様化しつづけて、ついに1978年から79年にかけてのアルキミアにいたる。これらの期間に当初からのシンパたちにさらに第2のより若い世代の仲間が加わった。ミケーレ・デ・ルッキは独立してソットサス・アソシエイツと協同したし、マルコ・ザニーニ、マルコ・マラベッリ、マテオ・テュン、アルド・チビックは1980年にソットサス・アソシエイツの設立に参加し、続いてジョアンナ・グラウンダー、マイク・ライアン、マリオ・ミリツィア、ジェームズ・

エットレ・ソットサス、ヴァレンタイン・ポータブル・タイプライター、オリベッティ社、1969

エットレ・ソットサス、ファイバーグラスの家具、ポルトロノヴァ社、1970

アーヴィンを迎えるにいたった。

ソットサス・アソシエイツについて語る限り、建築とデザインのあいだに垣根は無い。それらは同じ創造のプロセスの2つの局面に過ぎない。デザインは多くの場合、建築の仕事にひとしい。あるものをデザインするプロセスは、たとえいかなるスケールのものであれ、建築を考える「チャンス」となる。そこにはコンポジションの追求があり、またそのコンポジションをこわし再集合させる仕事がある。また簡単な日用品や家具、あるいはインテリアのデザインの過程における言語レベル——アルファベットや文法、統辞法——でのごく小さな変化も、同時にさらにずっとスケールの大きいデザインの問題に属するのであり、これらすべては、人間の生活——無邪気と見えるほど単純だが、そこに深遠な行為が伴い、おごそかな儀式や複雑さが秘められる——のまわりに組立てられる建築に包含されるのである。しかしかといって、全体の段階付けやスケール感、空間の連続の中での驚きといった静謐や瞑想のうちに捉えられる要素を失うところまでいってはならないであろう。始まりや中間の過程のすべて、言語やドローイングが示す視覚のシンボリズムによって組立てられ展開され表現されるコンセプトのすべてが建築の修練なのである。

建築やデザインのメタファーについて言えば、メンフィスの経験（その最初の展覧は1981年に行われた）もまた、もの、環境、建築のひとつながりの関係を明確にする過程を辿った。空間の創造という単一のプロセスのうちにあるこれらの異なる様相を示す要素は、つねに構造的にも言語的にももっともバランスの良い強度へと向おうとする。メンフィスは「ラディカル」の時代（1970年代の末の最後の大アルキミア展で終わりを告げた）に行なわれた批判的な分析の過程を充分に吸収している。それは何を誰も聞こうとしなかったか、では何をどんな風にどのくらい聞こうとしたかを如実に物語っているように見える。多くの人々はそれを順応主義や匿名性、あるいはたくさんの愚鈍な言いかえや再実験（合理主義者ほかの）に対する唯一可能な応答と感じたのだった。

しかしソットサス・アソシエイツにとっては、これはより複雑な視点へと彼らを加速し押し進める促しと映ったようだ。その結果、この新しい言語の円熟と解釈に対する新しい概念構造は、彼らをいっそう深く建築の方向へと向かわせたのである。

この言語的にもまたコンセプトとしても円熟を示す最初の明確な表出はメンフィスの経験に由来するものであり、1985年に始まるヨーロッパとアジアにおけるエスプリ社チェーンのショールームに対するさまざまなデザインに結実した。これらのデザインではその内部においてもまた外部においても、旧来の不便や限定から脱出した自立した言語が用いられている。

エットレ・ソットサス、「もし私が金持で、それとうんと金持なら、私は自分のコンプレックスと対決出来るのだが」、紙に水彩、1976

イタリアの風景
ソットサス・アソシエイツの場のデザイン

パトリツィア・ランツォ

イタリアはその地理的および文化的な理由から、つねに文化と観念の出会いの場で在りつづけてきた。そこでは世界中からの相異なるヴィジョンが出会い、どれかが何かに結び合わされて、さまざまな新しいものが生み出されるのである。

外部からの観念や寄与に対して浸透性及び受容性ともに高いこの風土は、この聞き分けの良さの理由を、その風景のおどろくほどの多様性ゆえに帰している。この多様性はたんに地理的に見て断片化しているゆえだけでなく、その原因をなしている文化的な階層化に拠るところもまた大きい。

事実、イタリアのアイデンティティをかたちづくるもののひとつに、人間の文化の所産、すなわち人間の心的あるいは内的な風景の直接の投影としての自然という観念がある。この思索から生まれる内的な場と外部の場との一致、あるいは人間及びその活動とイタリアの地理の多様性との結合は、イタリアの文化とそれが生み出したもののすべてに対する議論の前提となるものである。

イタリアの地理をこうした視点から議論することは、その精神の緯度を論ずることである。またその自然の多様性を解析することは、自らについて内省するに等しい。こうしてしばらくイタリアの形の上で現れているものとその地理上の位置とについて考えてみれば、地中海の紛うこと無き中央ということのほかに、それがやや東寄りということも見てとれよう。地中海の風景、とくに南のそれは東方の風景に重なるところがある。自然と文化がこのように密接に織り合わされているゆえに、そこでは自然も多民族的である。サボテンはオリーヴの木に隣り合って花を開く。アラブのレモンの木はタチアオイの傍らにあり、糸杉もまたしゅろの木に隣りあう。すべての偉大な文化の例に洩れず、イタリアの地中海岸もその幻想と現実の双方において他の文化を包含しているのである。「女神アテネは黒かった……思い返せば……黒かった」と、地中海を背景とするあるアフロ・ナポレターナのカンツォーネは有名な書物の内容を承けて歌う。この並外れて心やさしく移り気で多産、それでいてまたときに苛酷な環境にあって、私たちは皆、はるかなそもそものルーツを意識しているのである。

この自然と文化が相呼応する20世紀以前のイタリアのアイデンティティは、イタリアの造形表現の錯綜する織物のなかにも映し出されていた。自然、光、四角い家並みから構成されるその雄大で多様な風景のキャンバスは、私たちにそのルーツが何であるかを物語っていたのである。まさにそのとき芸術はその宿命の近代化を達成し、街路は人間の生活に付随するオブジェと語り合う特権的な座を捨て去った。こうしてオブジェそのものが風景となり、大地、野原、トマト、青空の色を持つにいたる。そうしたオブジェが風景の意味やそれとの鋭敏な関係を保つゆえに、私たちはそこに私たちの歴史を読み取り、また自らの内的な風景を覗くことが出来るのであって、これがイタリアのデザインが私たちの地球の文化の中心となっている理由である。

アイデンティティがオブジェの内側に拡がる（グレイでメタリックな色彩や、エネルギーを封じ込めた形態）北方の文化と違い、イタリアのデザインは、それもとくにそのもっとも重要な局面において人間に焦点をあてる。それも歴史の描く軌道がつかのまに消え去っていく私たちの運命にほとんど接するか

エットレ・ソットサス、プラスティック・ラミネート板による家具、ムールマン画廊、1994

どうかとさえ思えるときに。このイタリアのデザインの局面はソットサスにおいて体現されている。というのも感受性が鋭く普通ならば気づかれないほどの信号も聞き取れる彼こそが、この多民族的で弁証法的なアイデンティティを表現しているからである。

ソットサスこそはもはや内部と外部を区別しない完全無欠な都市風景の中に内的な風景を構築する偉大なデザイナーである。彼は強固なイタリアンスピリットの持主であり、コンクリートと人間、発生論的な自然の断片、商品、人工の光が造るこの変り行く歴史的な風景の中で自らの方位を見出すための神秘的で内的なコンパスを読み取ることの出来る稀有な人物のひとりに属する。ソットサスはそのデザインを通して他の方法では捉え得ない筈のヴィジョンの断片を根気よく差し出し、私たちがこの世界の中で日々、無意識のうちに失っているものを取り戻してくれる。私たちの眼はじっととどまって精査することなく事物の表層を流れて行く。しかし、この真に偉大なイタリアのデザイナーの作品におけるポジティヴな要素としての「メランコリー」は、あらゆる事物に他の事物とのかかわりの中で意味を与えるのである。色、細開きになったドアを通してちらりと見えるコーヒーテーブル、花瓶に心して生けられた花、そういったものすべてが、彼の身振りのデザインを伴なう一連の物語のうちに織り出されるのである。

ここ数年来、エットレは根気良くイメージを蒐集し、それに可能な新しい解釈を慎重に施した上で私たちに投げ返してくれてきた。彼の送り出すこの物語のおかげで、私たちの事物の文化の多くのもの、イタリアの歴史とそのアイデンティティ——地中海と東方のあいだの十字路——は、未来の世代への遺産として次の千世紀に持ち込まれることが出来る。科学技術はもともと私たちをこの世界の物質性から引き離し、また人間と事物のあいだの創造的な関係からも引き離すものである。エットレはこれに抗して事物の世界との強い繋がりを保持しようとする。科学技術はまた私たちを軽くし、その大地との絆を緩めることで宇宙へと近づけようとする。いっぽうエットレは私たちをしっかりと地上に結びつけ、その回りの事物を現実的に見ることを強いるのである。実際、この極端なまでのリアリズムが彼のすべての作品を特徴づけており、それが彼を産業界のシステムの硬直した生産のメカニズムを超えた実験へと駆り立て、また彼をして人間と科学技術が生む人工物の中間の小さな場所に居を定めさせるのである。

エットレはその生涯を通じてムシルが今世紀の初頭に書いた「魂を横切る硬い白い線」——すなわち建築家の胸ポケットの計算尺——の落ち着きのなさをしばしば感じてきた。科学技術と文化の対立——つねに近代性の議論のかなめをなすもの——は、生をたえざるデザインプロジェクトとみなすことでたやすく乗り越えられる。建築家でありデザイナーである彼の作品すべてを通して「幻影のごとく漂っている」現在の、さらには現代の感覚は、この視角によって、それもただそれによってのみ取り戻されるのである。

今日におけるデザイン

ときに過酷で無愛想なミラノの乱雑の中で、正真正銘のイタリアのアイデンティティ——外向的で包括的、陽気でオープンマインド——の精神は、肉体的にもまた精神面でもソットサス・アソシエイツによって代表されている。オブジェや日常生活に見る形態に乗り移ったイタリアの風景は、たえずダイナミックに進展をとげるそこに歴史的な繋がりを見出している。

ソットサス・アソシエイツが設立されメンフィスのプロジェクト——偉大な発電所であり創造的エネルギーの蓄電池であった——が行われた1980年代以来、状況はまったく一変した。現在また未来においてただひとつ不変なのは、たえず新しい状態に変わることだと実際に言われるまでになった。超産業社会がつねに再生していくためには、たえず新しい質と目標を設定していかなければならないのである。

ソットサス・アソシエイツはこの流動的でたえず変化する風景のなかで、生産システムよりは人間存在そのものに照準をおいたデザインを行っている。オブジェの世界を媒介とするそのデザインは、与えられた技術的な文脈のなかにつねに新しい選択の道を探し求めている。そうしたオブジェは人間と積極的にかかわりをもつ空間に置かれた「感度の高い形態」として現在のうちへと生み出されるのである。ソットサス・アソシエイツのデザインがたえず探し求めているのはこの「感度」の質であり、それはオートメーション工場のレイアウトからエノルメ社との協同のプロジェクトにいたるまで、1980年代におけるコントロールシステムや工作機械の多くにおいて力強く立ち現れたものである。これらの生産工程においては、今日の産業の砂漠のごとき空間から放逐された人間が歴史上の新しい役割を明確にすることで、再び中心的な位置を獲得するのである。

アソシエイツのメンバーの誰にとっても、90年代の仕事は産業界のほとんどあらゆる局面を包合するものであった。私たちが持ち歩くあらゆるオブジェ(ペン、時計など)、いす、テーブル、照明器具、さらには通信にかかわるものといったいっさいの色と面の宇宙が、複数の一貫したデザインプロジェクトにおいて検討されたのである。こうした今日の物質文化の可能性を検討する過程で、多くのスタッフが入れ替わったし、またその過程で変貌を遂げる者もいた。そうして新しい世界への変わりめ、1950年代にエットレ・ソットサスによって始まった旅の全遺産が、ソットサス・アソシエイツの完全なる円熟の表現たる大作、マルペンサ2000プロジェクトへと注ぎ込まれたのである。

外国から飛んできてマルペンサ空港に降り立つと、「センス、色、静けさ、幻影、ほどよさ、さらに加えるに冒険と豊かさ」からなるイタリアの雰囲気がすぐさま感じとられる。マルペンサは空港である以前にまずひとつの場である。おそらくそれはこの空間において、早い時の流れに身を委ねている旅客が、その混雑のなかにあってちょっとした隔絶感を味わえるように思えるゆえであろう。そこはすべての材料がそれ自体あたたかみを持ち、押し付けがましさがほとんど感じられない「ぴかぴかしない内部空間」である。そのシンプルなデザインの裏に隠されている複雑な局面は、ごく限られたところでしか顔を覗かせない。建築家の適確な意思はこの環境にきわめて描きにくいひとつの現実を表象せしめている。すなわちたくさんの連続する現在が生み出してきたものであり、またこの風土のユニークな文明を生み出してきた無数の精神の賜物でもある、東方と地中海の双方にまたがるイタリアのアイデンティティである。

エットレ・ソットサス、ブルーノ・ビショーフベルガー画廊、チューリッヒにおける「カリグラフィー」展、1996

始まりの年代記

バルバラ・ラディチェ

彼らは1980年5月10日、共同の組織を設立した。有名なエットレ・ソットサスに2人のごく最近大学を出たばかりの若者、マルコ・ザニーニとマテオ・テュン、それに「アーティスト」のアルド・チビック、「インテリ」としか書きようのないマルコ・マラベッリが建築事務所を設立するのを証明する立場に立っていることにいささか驚きの色を隠せないミラノの公証人の小さなオフィスにおいてである。彼らはそれまでにほんの少ししか会合を持っていなかったし、お互いの理解もおぼろげであった。しかし何れもが他の者の知恵や情熱に信頼を寄せていたし、少なくともこのうち4人は未来に期するところがあった。

1975年の3月、ソットサスとザニーニがはじめて出会ったのが、やがてパートナーシップを組むきっかけとなった。当時フィレンツェ大学の建築学部の2年生だったマルコは、グローバル・トゥールズ（ラディカルな建築家とインテリの自由団体）が主催したワークショップでソットサスに会った。そののち彼はソットサスのミラノのスタジオを訪ね、一日、午前を彼のところで過ごした。「そのころエットレは我慢強く、仕事を進めるのもゆっくりで、それ以外の事にも時間を費やしていた」とザニーニは語る。これにまた別の日の午前あるいは午後が続き、しだいに温かい友情が生まれていった。彼らの出会いはまったくラッキーなものである。年齢も性格も経験も教育も異なる2人の人間が、か細く、神秘的であるが、しかしきわめて強力な絆をともに感じたのである。それは彼らが同じ土地の出身、まさに同じ「モンティ・パリディ=青白い峰々」ドロミテの出身であることに基づく絆であった。彼らはまたインテリ特有のプライドと孤高感に由来する気質、すなわちオプティミスムや功名心、ユートピアを夢見る能力といったことでも共通するところがあった。おそらくソットサスは自らの若き日の渇望をザニーニのうちに見て心動かされたのであろう。ザニーニもまたソットサスのひやかしや突き放すような表現のうちに理想の導き手の姿を見てとったに違いない。こうして1976年、マルコは「世界を見に」1年間、アメリカへと旅立った。彼はソットサスに手紙を書き絵葉書を送り、1977年に帰国するやソットサスのもとで仕事をはじめた。彼は翌年大学を卒業し、1979年軍役に就く。彼は軍隊からソットサスやその間、登場しはじめていたソットサスのところで働くことを熱望する者たち、あるいはミラノのソットサスのもとで働いている人たちに向けて、未来の会社のありようについての提案を書き送った。

アルド・チビックは1978年にはヴィチェンツァに住む23才のデザイン学生だった。彼はメンバーの中ではただ一人、ザニーニと無関係にソットサスと会った人間で、それもまったく偶然の出来事からであった。彼の義理の姉の若い女友達がある日、彼が建築の勉強をしているのを見つけて聞いた。「私、建築家を知っている。あなた知っているかしら。ソットサスよ」。チビックは彼の名前と名声を知っていたから、そのあとすぐ、彼もまたソットサスのスタジオに足繁く通うようになった。2年間、彼はヴィチェンツァからミラノに通勤し、ソットサスのスタジオで働くいっぽう、ヴィチェンツァでインテリアのささやかな仕事を続けた。当時、彼の愛車はプレイボーイが持つルノー5で、ミラノに泊まるときはテュンのリビングのソファで眠った。

チビックはザニーニとはまったく反対の性格で、もちろんソットサスとも正反対であった。彼らが内向的で口数が少なく孤高に甘んじたのに対し、チビックは外交的で愛想良く、世の中のことが大好きだったが、大志を抱くことと冒険好きの点は共通していた。彼はミラノに来てすぐ、複雑で心落ち着かないきわめてソフィスティケイトされた関係の中に身を置いてしまう。彼は今日、当時何もかもが冷え冷えしているように見えたと認めている。「でも私はじっと我慢してしがみついていれば、きっと良いところになると信じていました」と彼は言う。「私は信念をもっています。でも一番すごい信念の持主はエットレです」。

テュンとの始まりはさらに難しいものだった。テュンも建築をフィレンツェ大学に学びザニーニによってソットサスに紹介してもらった。しかしソットサスはテュンが「セラミックでおそろしいものを造る」のに当惑させられた。彼は飛んでいるかもめや血と涙を流す木の幹を造ったのである。ソットサスはびっくりして彼にそのことを言った。ザニーニはテュンのためにとりなしたが、テュンはつねにサディスムとキッチュの危うい淵に立って生き、「センセーションを捲き起こす」ことを公然と目的にしていた。もしこれがスポーツならばもっとも危険な部類に入るべきものであろう。雪の上でやる代わりに地中海の火山灰の上でスキーをやるにひとしいような。花瓶は男根と見えるように造られなければならなかったし、あとすべてがそんな具合だった。

ソットサスの留保はかなり正しかったが、それでもテュンは1978年にスタジオで仕事をはじめた。彼は1984年まで在籍したが、1983年、ソットサスが彼にウィーンの大学のセラミックの教授職を見つけてやったときから一人外れた状態になっていた。

最後のパートナー、マルコ・マラベッリもザニーニのフィレンツェ大学でのクラスメイトだが、ついに卒業しなかった。他の者のような大志を抱かなかった彼は、ザニーニとテュンとの友情は持ちつづけたものの、スタジオにかかわろうとはしなかった。彼は1982年、静かに去っていった。おそらくより静かな冒険を求めて。

1980年5月、ソットサスはすでに62歳であり、彼の未来のパートナーとなる者も含めた皆が、彼はまったくクレージーであり、なるほど素敵で知的ではあるがまったく未経験の若者たちと同等のパートナーシップを組むというのは無責任もはなはだしいと考えた。しかしソットサスはこう言った。「私はいつも誰かと一緒に仕事をしようと考えて来た。君がもし仕事をもっと出来るのなら、その苦労と責任をわかち合いましょうという訳だ……私はいつもうんと若い人たちといっしょに仕事をして来た。若いとき、私に仕事やチャンスをくれる人は誰もいなかった。でも私は自分が目覚しいことをやれると知っていたし、いつもそのことを思い出す。私はある状況(この状況が分かるということが大事だが)に置かれると、誰も思っても見なかったような仕事がやれる人のことが良く分かる。私は若い人は年寄りに比べてずっと正直で感受性があり、ずっと好奇心があって図々しいところも無いと思う」。

「もちろん皆が皆そうではない。でも……彼らは正直そうで熱心そうだ。彼らは幸せな若者たちだ……たしかに始めはまったく若いだろう。でもこれまでだっていつも私は冷汗が吹き出すことばかりだった」。こうしてスタジオはきわめて冒険的な形でスタートを切った。ザニーニは思い出して言う。「資本にしたって誰もその金を持っている者は無く、最初の稼ぎを資本にしたようなものさ」。

チビックは最初の外部協力者のことを記憶している。「メキシコのギャングだった」。彼はスタジオのとっぴさ加減と当時の雰囲気を回想する。「メキシコシティからやってきた4人のデザイナーだが、彼らは皆、われわれ位の年齢で、中央アメリカの手に負えないギャングだったんだ。その一人には人喰いと言うあだ名がついていた……それからオーストリア人たちが来、続いてどんどん来た」。

1983年までにスタジオはすでにかなりの専門的なレベルに達し、人数も倍近くになっていた。以来、クライアント、委嘱、協力者すべてがたえず増えていった。クリストファ・ラドルによって1981年に立ち上げたグラフィックデザイン部門は、別のスタジオに移転しなければならないまでに膨れ上がった。

ソットサス・アソシエイツのまことに奇跡と言うべきものは、その驚くべき相互了解であり、それは偶然の符合などではなく、よく練られ情熱を持って日々従われるプログラムによるものである。アソシエイツはこの状況を分析し把握することを労働心理学の専門家に依頼したことがあるが、その見るところはこうだ。意識の程度はともあれ、グループに加わっている人間は、その全体的な輪郭、すなわち仕事全体を導いていく観念を等しくしている。この観念はすなわち自らおよび他人の実存の質ということであり、良い仕事をし特別のものをデザインすることでそれが達成され、また増進されることをめいめいが知っているからと。ソットサスは言う。「私たちはこの実存の質を上げるという目標が、孤独な個人的な行為によって達成されるとは思っていない。私たちは他の人々とともに生活していく能力を現代生活の質を考えるのに欠くべからざる部分と考えている」。

測ることの出来ない要素も見逃してはならないだろう。「私はきわめて本能的な盲目的とも言うべき信仰を持っている」とチビックは言う。挑発というニュアンスも含めてザニーニは付け加える。「幸せなスタジオだよ」。黄色のシャツにショックブルーのタイを締め、グリーンのジャケットを羽織った彼は、その胸のポケットに差した4枚のオレンジ色のハンカチーフの形を整えながら言う。「うまく生れたみたいに見えるよね――これは運がいいんだよ」。

1987年　ミラノ

宴会場

ハーバート・ムシャン

私たちは古典的なモダンデザインを近代工業の反映とみなしている。私たちの「インダストリアルデザイン」という用語の使い方そのものが、ある意味で20世紀の美的形態の総元締めとしての工業生産を推し進めたのであった。しかし実際は、近代家具の偉大な古典的事例、マルセル・ブロイヤー、ミース・ファン・デル・ローエ、ル・コルビュジエのいすやテーブルは、たとえば近代工業システムのごく限られた一端、工場の流れ作業の反映に過ぎなかったのである。

モダニストたちにとって流れ作業は機械化そのもの以上の存在であった。それは文化的なメタファーでもあったのである。それは不活性の物質が「近代」の信仰に充ちた超越的で文化的なイコンへと魔術的変貌を遂げるシンボリックな儀式だったのであり、ロマンティックな個人主義と主観が支配する趣味を象徴する人間の手の撤退であった。もちろん古典的な「近代」のオブジェの多くは、それ自体は本来の流れ作業の製品ではなかった。それは流れ作業をテーマにした手仕事による芸術作品であり、それによって「近代」のヴィジョンという刻印を広い世界が受け取る儀式の焦点たるべくデザインされたオブジェだったのである。

しかし流れ作業は産業のプロセスの中間段階、20世紀の三連祭壇画の中央パネルであるに過ぎなかった。それはデザインプロセス（情報蒐集、すなわち今日言うところのマーケットリサーチを含む）という左パネルを受けて、それなくしては産業システムが存続しない消費者への流通過程という右パネルへと繋げるものであった。「近代」のデザイナーはこれら2つのサイドパネルを白地のままにしておいたのである。「近代」のオブジェ——あるいはル・コルビュジエなどの近代理論の枠組をつくった人々が呼んだオブジェタイプ——は、あたかもその形としての生命が工場の壁の内側で始まって終わるかのように、またあたかもひとつひとつのいすが人間の主観の介入なしに機械によってデザインされ（少なくとも批評家の目にはそう映った）ているように考えられたのである。たしかに「近代」のヴィジョンにあっては、全世界とそこにあるすべての建物は工場のイメージに鋳直されていたのだから、オブジェが工場から抜け出すなどということは金輪際無かったのだが。

もちろん世界がすべてこのイメージに鋳直された訳ではないが、私たちの「グッドデザイン」の観念はほぼたしかにそうなっており、そのためにエットレ・ソットサスと彼と協同するデザイナーたちの仕事の本質的に近代的な意味が見すごされてしまいがちである。というのもソットサス・アソシエイツのデザインは表面的には近代デザインはかくあるべきという期待をつねにことごとく裏切ってきたからである。私たちがせいぜいモノクロームのパレットが見れればいいと思うところには色の虹があり、私たちが素材の本質がむき出しになっていればと思うところに別のテクスチュアが貼り付けてある。私たちは私たちがボイラープレートの機能から考えているものにはすぐには結びつかない形態を見、標準化を期待するように仕向けられたところに驚きを見る。私たちの期待と私たちのまえに繰り広げられる新奇な光景とのあいだの不一致を説明するいちばん簡単な方法は、ソットサスの作品は「近代」のヴィジョンに対する不遜な攻撃と解釈することである。なるほど作品は不遜だが、しかしそれはやはり「近代」のヴィジョンの延長線上にある。ソットサスのデザインに工業化の文化的優位に視覚的な表現を与えようという「モダニスト」の目標に根本的に相反するものは何も無い。それどころかソットサスは流れ作業から流通のシステムへと目を移していた。彼の顕著な業績は、現代世界の形成におけるこのシステムの重大な意義を表現する視覚言語を案出したことにある。

この言語は近代のオブジェの観念が生産のモデルから受容のモデルへと深遠な移行を遂げたことを物語っている。生産のモデルが画一性、標準化、客観的な真実の価値を強調したのに対して、受容のモデルは選択したり後回しにしたりする行為の際に働く蓋然性、選択、主観性を強調する。これはそのために道具が造られ鋳型が用意されるモデルではなく、私たちがショールームでつまむモデル、カタログに載っている無数のもののうちからサイズを試してみたいと思うひとつを指さすモデル、「ちょっと見るだけ」のモデルなのである。ソットサス・アソシエイツのデザインは、オブジェタイプを結晶として完成させるのではなく、造られたものが自らの席を持ち、その見返りに企業を喜ばせるという貢献をする、多様性とたえざる変化の文脈を主題とした形による評論である。これらのデザインはガラスの本質とかいすの本質とかを探求する科学まがいの事柄から生まれたものではなく、ありうべき形態の領域を歩き回り、そこに自由の領域のメタファーを設定する、環境に対する鋭敏な感受性が発見したものなのである。

メタファーに敵対する者たちにとっては機械が与える唯一の自由たる消費のそれを含む自由そのものが、産業の三連祭壇画の中央パネルからのソットサスの移行の背景をなす哲学的要請である。ソットサスは工業化を主要な文化システムとして正当に評価しながらも、機械が道徳性、精神性、芸術の分野における中心的な権威となることを承認しない。彼の言語はこれに代わってそれ自身の生きた場所を創り出す内的な権威の力を宣言する。彼の家具、インテリア、グラフィックは、現代都市の中に自主的に道を択び取る私たちの日常の努力を凝縮して視覚的に表現したものである。その都市は全知全能のマスターデザイナーがノスタルジックに高みから見渡したものではなく、何ら視覚の論理もなしに舗道に嵌め込まれたまれた四角いグリルから向こうから来る見知らぬ人の姿へ、あるいはショーウインドゥの品物の一瞥から朝刊の紙面のがさがさとした現実へと動く眼の捉えた都市なのである。このスキャンの論理は内的なものである。それは幾何学的なものというよりはむしろ物語の構造をもっている。私たちが今日何をした、何を目撃した、自らの宇宙の中心を占めるという権利を行使するために無数の選択の場から何を択んだといったことを言い、私たちがどう関心を配ったかを記録するのに用いる、あの普通の人間の話に見る口語の構造である。

モダニストたちがなぜ流通に含まれる美的なものを探求する必要を感じなかったかを考えるのは難しいことではない。結局、「近代」の世界は来るべき世界、未来の世界であって、その未来はこれから生産されるべき形態によってこれから造られていくものだったのである。すなわち「近代」が何よりも大事としたのは、未来のみが受容しようとするであろう形態を生み出すことだったのである。

ソットサスのヴィジョンは、あれから何十年も経た今日、私たちはいまその未来に居、その世界に住み、そのヴィジョンを受け取る立場にあるという認識に立脚している。それはモダニストたちが心に描いたような世界ではない。オフィシャルな世界では認められない色のブラインドだけで彼らの夢をぶち壊すに充分であろう。なぜそれでいけないのだ。受容と生産は異なる経験である。なぜ彼らはそれを同じと見なければならなかったのだろう。私たちは形態を与えるものではなく、それを受け取る者なのだ。ソットサスは「近代」の神話のいっさいが形をとった工場の中にすら宴会場を造ることで、彼と私たちがともに同じ領域に立つというその信条を具体化し、私たちの受容の能力を刺激する。機械が買物に行くことを夢見ないなどと誰が断言出来よう。ソットサスのつねに変わらぬ目的は、デザインのイメージの中に世界を造り直すことではなく、世界のイメージの中にデザインを造り直すことなのである。

エットレ・ソットサス、「野蛮なインテリア」、紙にテンペラ、1985

SOTTSASS 85

1980–85

ソットサス・アソシエイツが設立されたのは1980年5月、知的な活動が最高潮に達しているときであった。ソットサスとミケーレ・デ・ルッキは早晩アルキミアを去ろうと考えていて、それはその数ヶ月後、1981年の第1回メンフィス・ショウという形で大きく結実した。これにはマルコ・ザニーニ、アルド・チビック、マテオ・テュンのそれぞれユニークな作品も加わっていた。

アルキミアは研究とアイディアのやりとりに多くの時間を費やした。しかしその提唱者たちの第1回の協同から2年しかたたないうちに、意見の喰い違いが表面化しはじめた。アルキミアはセールスの組織や販売といったことを全然問題にしていなかった。その創設者でありディレクターであったサンドロ・グエリッエロは、思想的にはアレッサンドロ・メンディーニにきわめて近く、基本的にはオリジナルで限定制作のコレクターズ・アイテムの生産販売を考えていた。いっぽうソットサス、デ・ルッキ、それにだんだんまとまりが見え始めていたミラノ・グループの若手建築家たちは、彼らの能力を量・質・イメージの点で工業と生産の場で試したがっていた。彼らはラディカルなカウンターカルチャーとそのコンセプトを振りかざす議論は終ったと考えており、「ヌォーヴォ・デザイン」を語り合っていた。

議論にのぼったテーマはさまざまで、デザインの構成や形式上の問題だけでなく、もっと急を要する実際的な問題にも関心が向けられた。工業との新しい関係として望ましいとされたのは、デザイナーたちがそのマーケッティング上の決定に対しても適切な発言を行なうことであった。彼らはたんに生産ラインに乗るオブジェや家具をデザインするだけでは飽きたらず、住宅や生活、公共との関係についての新しいヴィジョンを樹ち立てたいと考えたのである。

こうしてソットサス・アソシエイツは、その設立当初から、外部に対してメンバー内部の相互関係をどう組むかといった問題を含むきわめて複雑なマネージメント上の課題に対処していかなければならなかった。またマンデッリ社（工作機械）、ブリオンヴェガ社（テレビジョンセット）、ウェラ社（ヘアドライヤー）といった大会社のデザインに取り組む上で生れる難題の解決も求められた。

デザインの観点から見てもっとも重要なステップは、大スケールの3次元の居住空間への移行、メンフィスの展覧を行なっていたあいだに形の定まって来たヴォキャブラリーと形態における革新にある。ヨーロッパ各地のエスプリ社の店舗の委嘱は、この新しい言語の展開にあたっての重要なマイルストーンとなった。そこでは人々が働き、会い、休息する空間がデザインされなければならないのであり、もはや美しければ良い家具やオブジェを造って済むことではなかった。完璧で快適な空間を感覚的に捉えることが必要であり、また幾何学的な面でなく人間の生活のリズムをもとに組み立てられた3次元のシステムを創出し活用することが求められたのである。新しい表現の機能がただちに獲得されなければならなかった。すなわちラミネート板の使用、非対称の構成、異種の材料の取り合わせ、新しい装飾のデザイン、それに何にもまして広汎できわめて洗練された色彩のまさに建築そのものへの適用である。

メンフィスのデザイン言語の革新は一般の伝統に基礎を置くものであったが、いまやそれを確固とした制御と秩序の存在する分野において活用する時代が到来したのである。エスプリ社の仕事と並んで、香港の多目的ビルのコンペ、パリのラ・ヴィレット公園、ミラノのロレート広場再開発、ヴェネツィアのアッカデミア橋、サンフランシスコのスナポラッツ・レストランといったもののデザインが、グループのデザインの様相を固め明確なものにした。そこではしだいに決定的で確固なものとなっていく建築デザインに対する志向と関心もまた明確になったのである。

フィオルッチ社の店舗　1980-83

デザイン：エットレ・ソットサス、ミケーレ・デ・ルッキ、アルド・チビック
協力：アニタ・ビアンケッティ

1980年代のはじめ、フィオルッチ社は店舗のイメージを刷新することをアソシエイツに依頼した。これにはすでにアルキミアの作品に登場したヴォキャブラリーが用いられ、それはのちにさらに発展した形でメンフィスの作品やエスプリ社の店舗に再度用いられた。

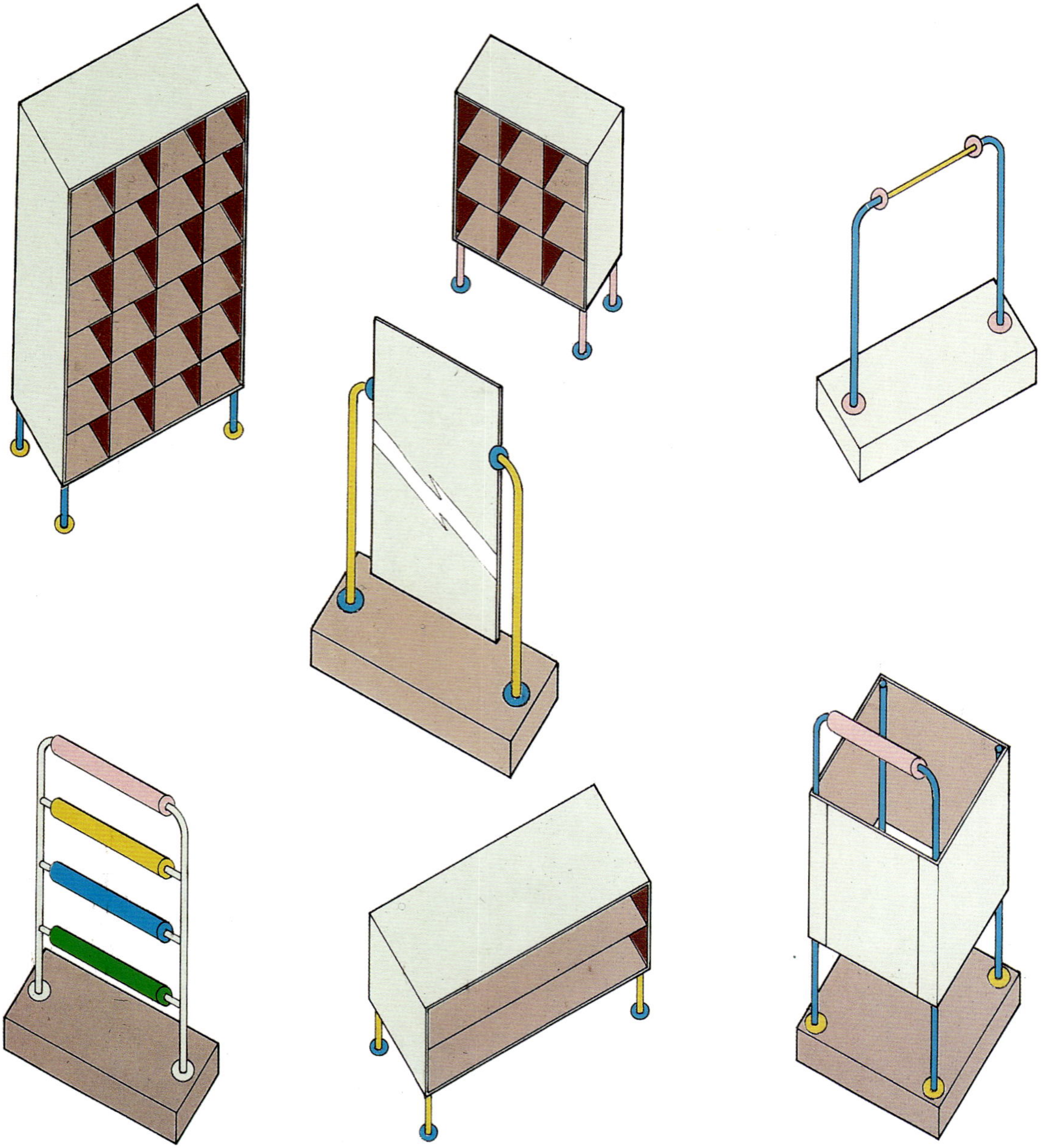

CASSA

ヴェネツィアのカジノのナイトクラブ　1981-82

デザイン：エットレ・ソットサス、マルコ・ザニーニ

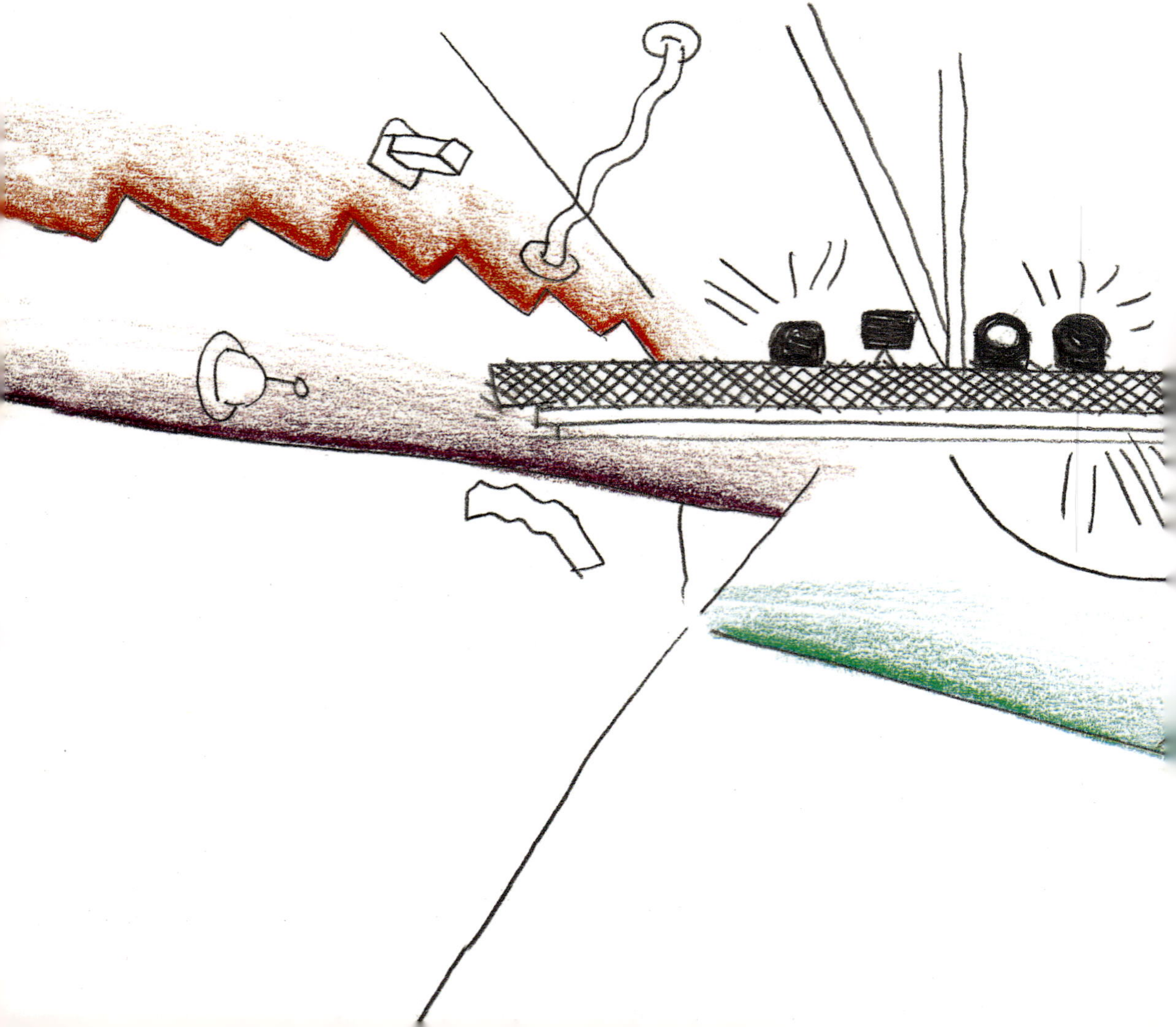

1981年、ヴェネツィア市当局は、パラッツォ・デル・チネマ、カジノ、それに近接するいくつかのレストランを含む多数の重要な建物の改修を発表した。アソシエイツはカジノの中のナイトクラブのデザインを委嘱され、革新的な照明システムを中心に据えた解決を提案した。

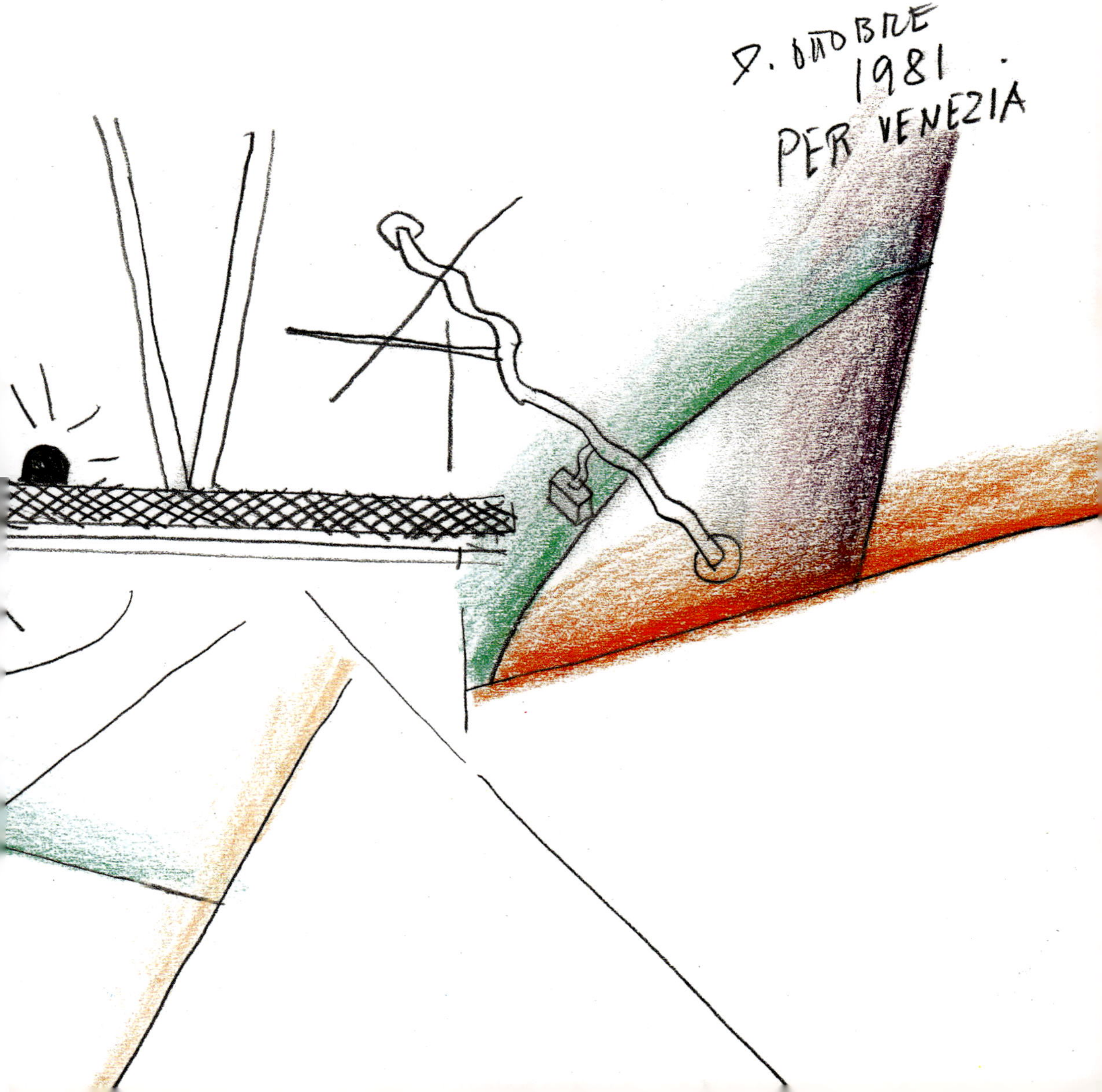

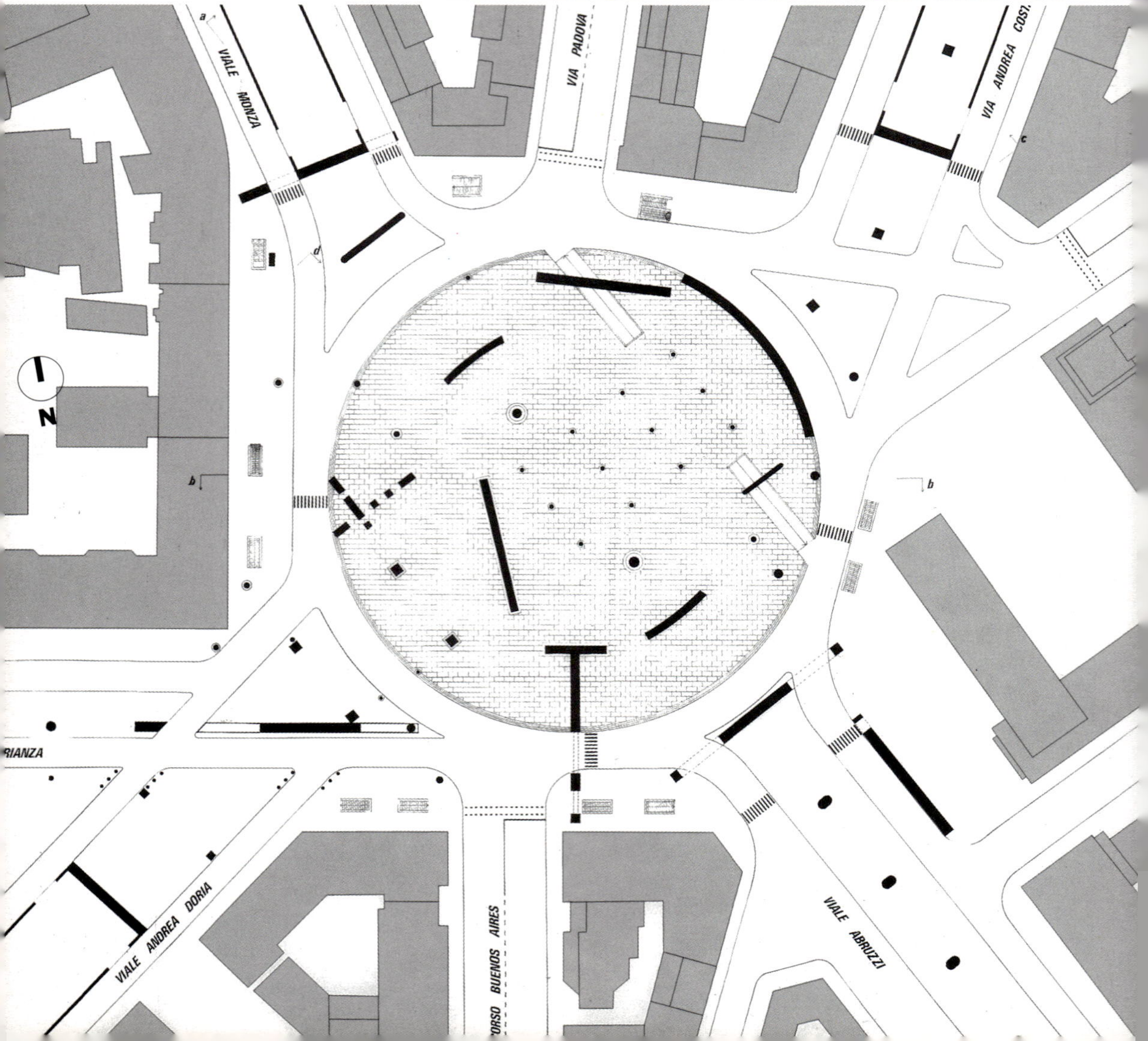
VIALE MONZA
VIA PADOVA
VIA ANDREA COST
N
RIANZA
VIALE ANDREA DORIA
ORSO BUENOS AIRES
VIALE ABRUZZI
a
b
c
d

ロレート広場再開発計画、ミラノ、イタリア　1985

デザイン：エットレ・ソットサス、マルコ・ザニーニ
協力：ジャコモ・テデスキ

この設計はミラノのロレート広場に集中する大量の交通を2つの流れに切り分けている。主たるもの、すなわちこの都市に出入りする自動車のための道路は高架とされ、歩行者および市内交通に対しては地上レベルが用いられている。高架の主たる車の流れは、これに面する建物を騒音から守るようトンネルの中におさめられている。高架の下側のレベルには、店舗やレストラン、市内バスの待合所などが設けられている。

オートメーション工場の計画　1983-85

デザイン：エットレ・ソットサス、ルチアーノ・トッリ、マテオ・テュン

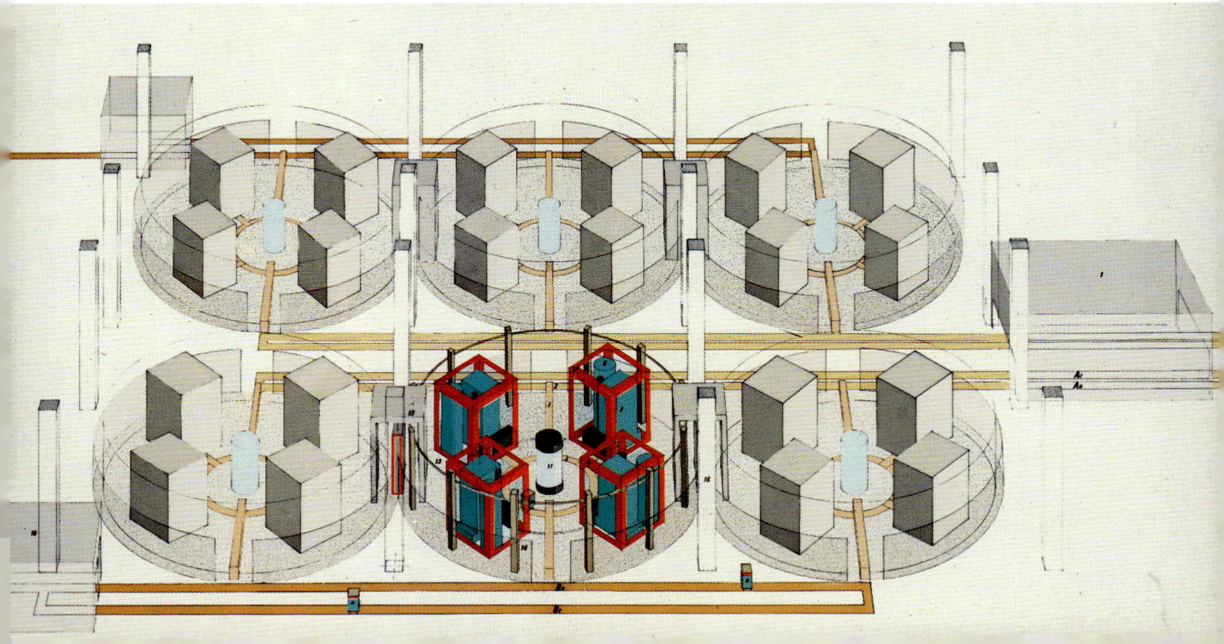

「ピーク(峯)」多目的開発コンペ、香港　1983

デザイン：エットレ・ソットサス、アルド・チビック、マテオ・テュン、マルコ・ザニーニ
協力：ベッペ・カトゥレッリ、ジョヴァネッラ・フォルミカ

この国際コンペは、香港のまちと海のすばらしい眺望をほしいままにする広大な「シンボリック」な土地を入手した富裕な中国人によるものである。この開発にはさまざまなタイプの住戸、クラブ、プールなどの共用施設が含まれている。

ソットサスによる提案は全体を　3つのブロックに分けるものであり、各々異なる形態のうちに中国の伝統的建築の手法を今日の様式として甦せたものを蔵している。「ピーク」のスカイラインを形づくる建物と、山の尾根に平行に走る道路に沿っての今後の増築が描くシルエットがとくに重視された。

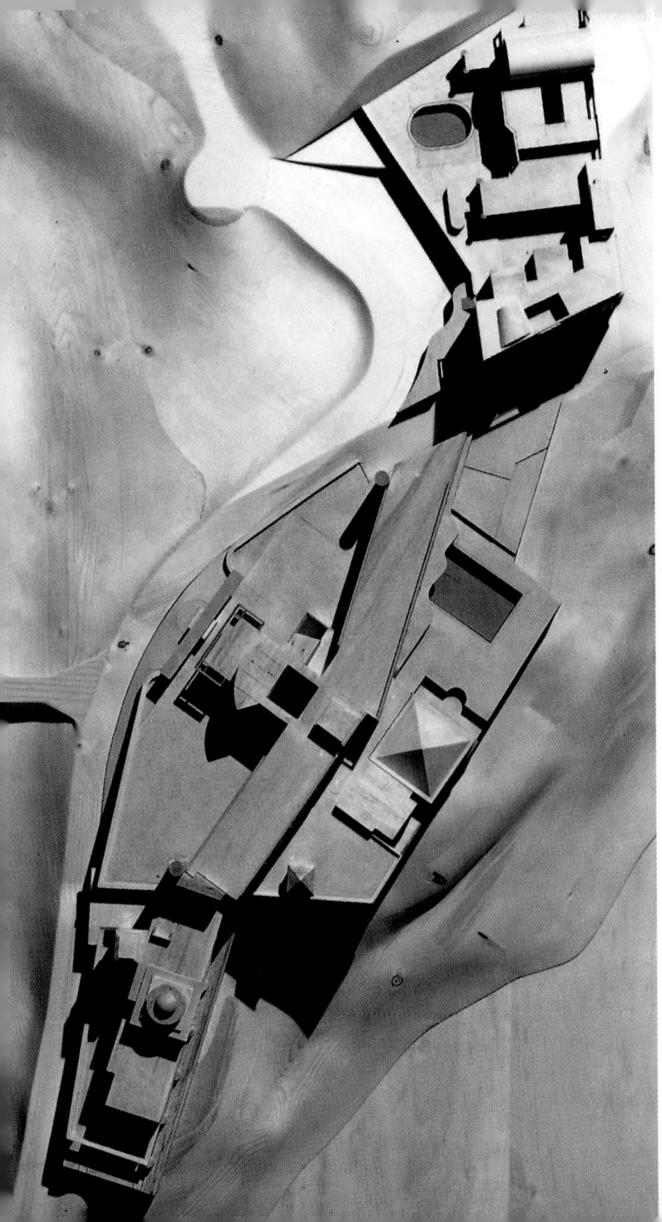

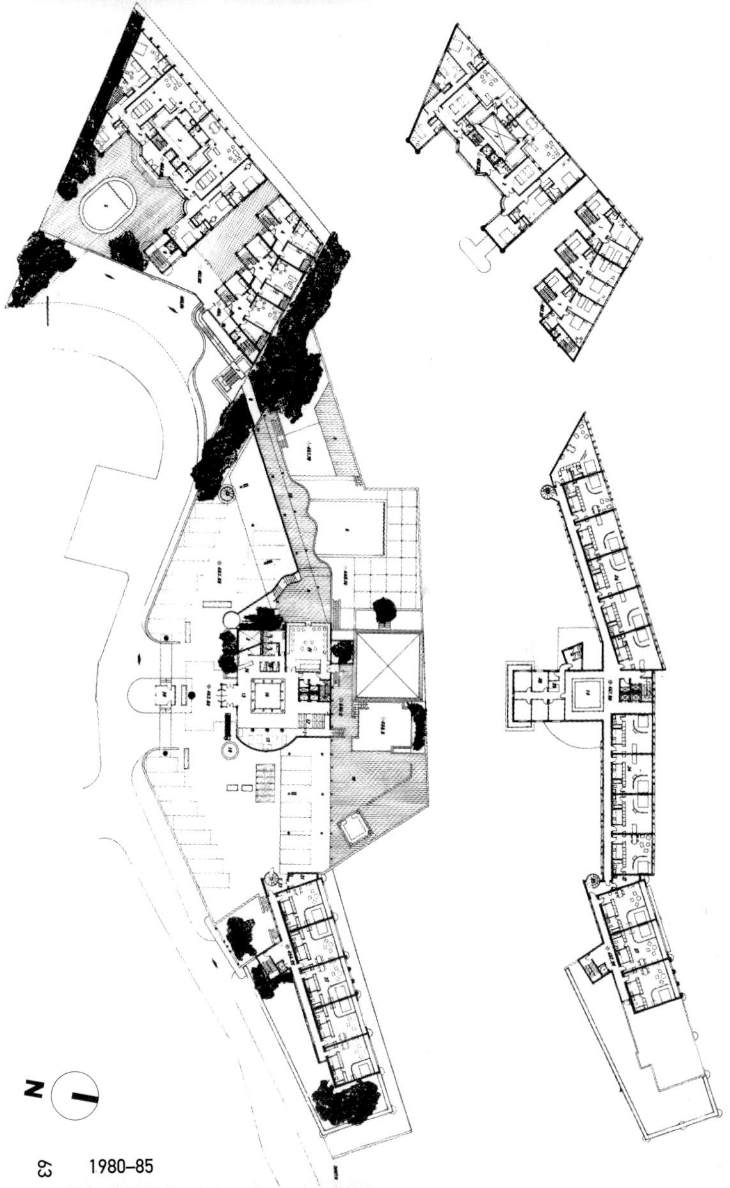
N

アッカデミア橋コンペ、ヴェネツィア、イタリア　1985

デザイン：エットレ・ソットサス、マルコ・ザニーニ
協力：ショウ・ニコルズ

このデザインはイタリアの偉大な橋梁建設の伝統を想起させるものであり、とりわけパラーディオによるリアルト橋のデザインに想いを馳せるものである。橋はたんに水路をまたぐということだけでなく、たえまないヴェネツィアの都市生活——物売り、記念写真、おしゃべり——が水の上でもそのまま続くように考えられている。このために橋には広場、階段、両側のバルコニーを設けられ、屋根の架かった部分や急ぎのひと優先の道も設けられている。

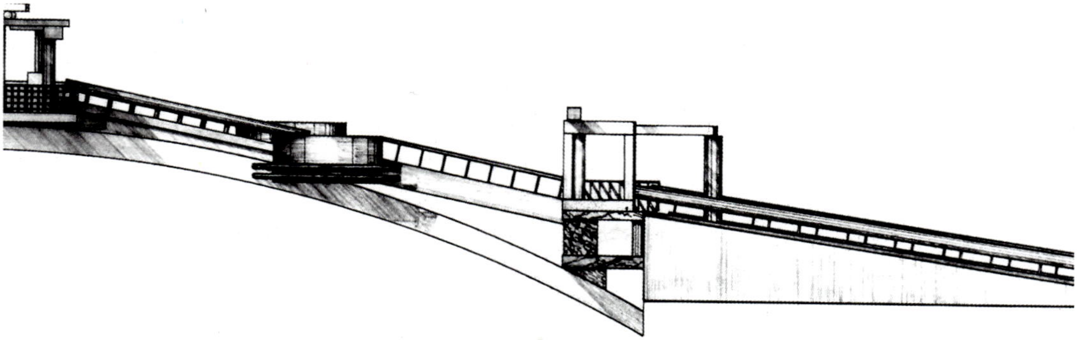

スナポラッツ・レストランの計画、サンフランシスコ、カリフォルニア　1984-85

デザイン:エットレ・ソットサス、マルコ・ザニーニ
協力:ベッペ・カトゥレッリ、ジョヴァネッラ・フォルミカ

スナポラッツはダグ・トムキンズの構想になるもの。イタリア、中国、日本、カリフォルニアの料理を出すレストランは、建物内部と庭が密接な関係をもつ建築群として構想されている。食事をする部分は、広さもさまざまで、また外に向かって開いたものもあれば閉じたものもあるなど、それぞれ異なる趣の部屋に分割されており、各々の室が何らかのテーマをもつ庭に面するようになっている。すなわちサボテンの庭のある温室、熱帯の庭、大理石の庭、禅の庭などである。レストランの中央にあるバーは全体の結節点であり、異なる客たちが顔を合わせる場となっている。最大の食事スペースの上部には、らせん階段でアプローチ出来る、客たちが湾の眺望を楽しむ部屋がとられている。

POCO PRIMA ERANO STATI ALLA TORRE. IL MOMENTO MIGLIORE PER STRINGERSI IN UN' ISOLA VUOTA FATTA DI CIELO E DI NUVOLE. MA LOU DISTRATTA DAL CIELO COMINCIÒ A VEDERE GRANDI MERAVIGLIOSE NAVI SPAZIALI E CHIESE DOVE STAVANO ANDANDO. MOU VOLSE PERPLESSO LO SGUARDO A QUEL CIELO SOLITARIO, MASCHERANDO CON MUGOLII DI FINTO INTERESSE IL DISPIACERE PER L'OCCASIONE PERSA.

SCESI DALLA TORRE GLI SGUARDI DI LOU VAGAVANO ANCORA ASSORTI NEL LOCALE ..SI POSARONO CON MALCELATA SIMPATIA SU UN GIOVANOTTO UBRIACO CHE SI SPENZOLAVA SUL TRAVE CHE PERCORREVA TUTTO L'EDIFICIO. MOU BORBOTTANDO CERCAVA IL SUSHI BAR.

LOU ADORAVA GLI ANGOLI ESOTICI, SOPRATUTTO QUELLI GIAPPONESI, LE PIACEVA GUARDARE IL CERIMONIALE DELLA PREPARAZIONE DEI PIATTI. MOU DISSE, CON UNA PUNTA DI RABBIA: " NON MI È MAI PIACIUTO STARE TROPPO IN MEZZO ALLA GENTE ".

エスプリ社のショールーム、ハンブルク、ドイツ　1985-86

デザイン：エットレ・ソットサス、アルド・チビック
協力建築家：ディーター・ヤンセン

ハンブルクのショールームは、市心に近い以前、煙草工場だった建物の3階にあたる広い屋階にある。主たる空間は黒または白の大きな柱が全面に立っており、営業マンの事務室はグレイのラミネート板を幅太の巾木状にあしらったヴィチェンツァ石貼りの間仕切壁で自由に分割されている。この間仕切壁を繋ぐ色彩豊かな棚はさながら門のような形をなし、仕事の場への入口を指し示している。これ以外の事務スペースは大きな木目の見えるグレイの木を貼ったカーブする壁面で仕切られている。オフィスの他の部分、すなわち浴室や厨房は、大空間の中に造り込まれた小さな独立した建物の形にデザインされている。

エスプリ社のショールーム、デュッセルドルフ、ドイツ　1985-86

デザイン：エットレ・ソットサス、アルド・チビック
担当建築家：ベッペ・カトゥレッリ
協力建築家：ヘラルド・シフス

デュッセルドルフの2,400m²のショールームは、エスプリ社の一連のショールームのうちで最大かつもっとも重要なものであり、ここにはバーや小さなレストランもある。建物はデュッセルドルフ市の郊外にあり、エスプリのデザイン部門が入居している。既存のファサードの前部には、大理石による門構えが色ガラスのタイルを貼った円柱とともに造られた。すなわちここでは以前からの構成の上に新しい要素を重ねる積層の手法が採られているのである。ショールームは特別に考えられた建築的な要素を各所に配したオープンプランになっている。空間全体を律しているのはブリッジであり、各営業ブースには、ラッカー塗装の鉄のパーゴラが架けられている。

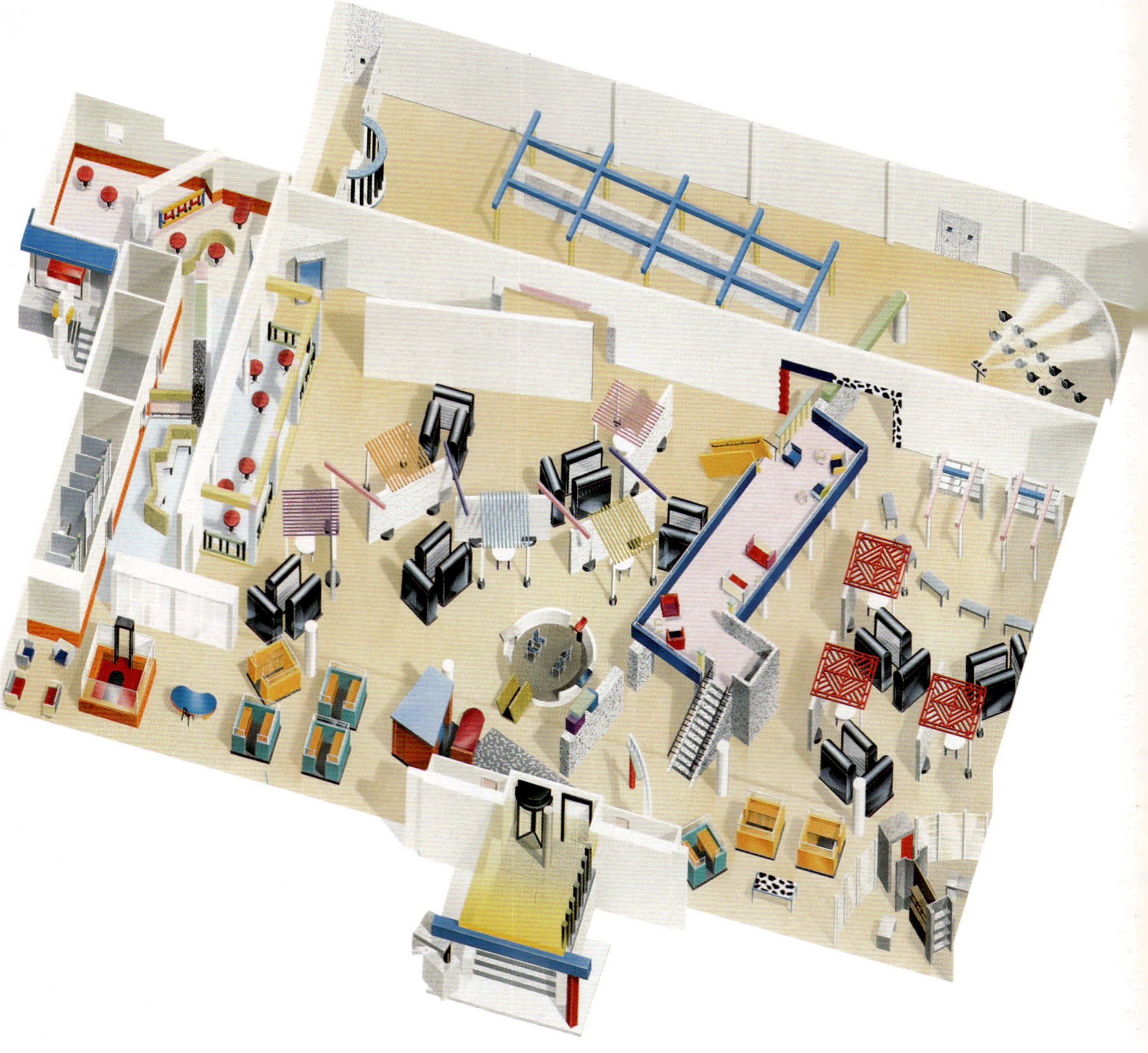

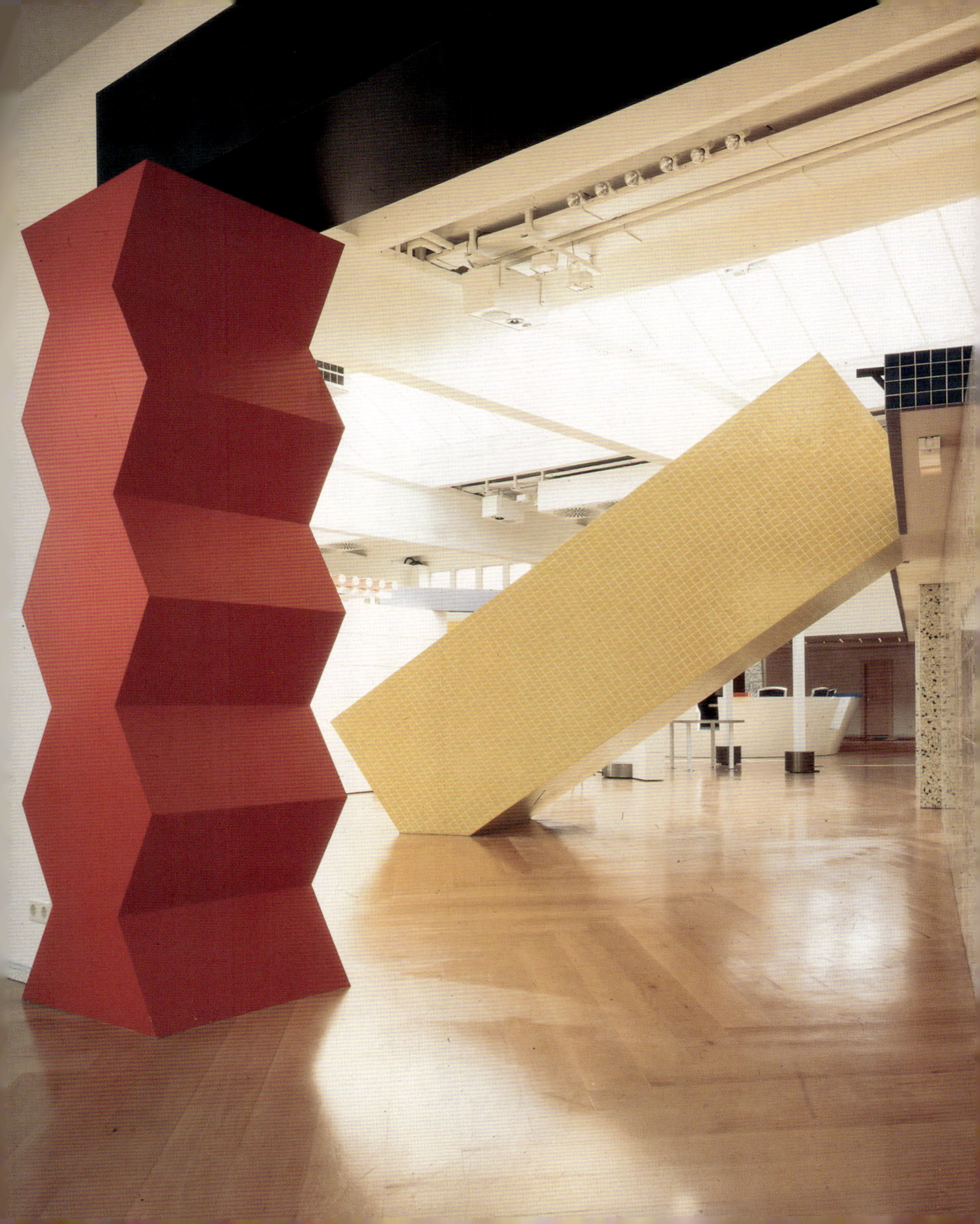

エスプリ社のショールーム、チューリッヒ、スイス　1985-86

デザイナー：エットレ・ソットサス、アルド・チビック
協力：久田修司、ジョアンナ・グラヴンダー

チューリッヒの1,200m²のショールームは、市の郊外のテキスタイル・センター内にある建物に造られている。ここを構成する要素は広場、カフェ、それに大きな事務スペースである。このショールームの構想の基本は、中央広場が集落全体をひとつにまとめる昔のイタリアのまちの造りを思い起こさせることであった。このために広場には大きなスペースが充てられ、そこに主要な経路が会するようになっている。間仕切、すなわち「壁」は、ビジネスなどの活動が行われる「建物」から「街路」を限りとっている。広場へと繋がるかつてのまちへの入口を思わせる庭近くにとられたリセプションスペースは、あるときはファッションの場に、またビジネスや展示の場として用いられる。

ラ・ヴィレット公園のデザイン・コンペ、パリ、フランス　1985-86

デザイン：エットレ・ソットサス、マルコ・ザニーニ、マーティン・ベダン
協力：グィード・ボレッリ

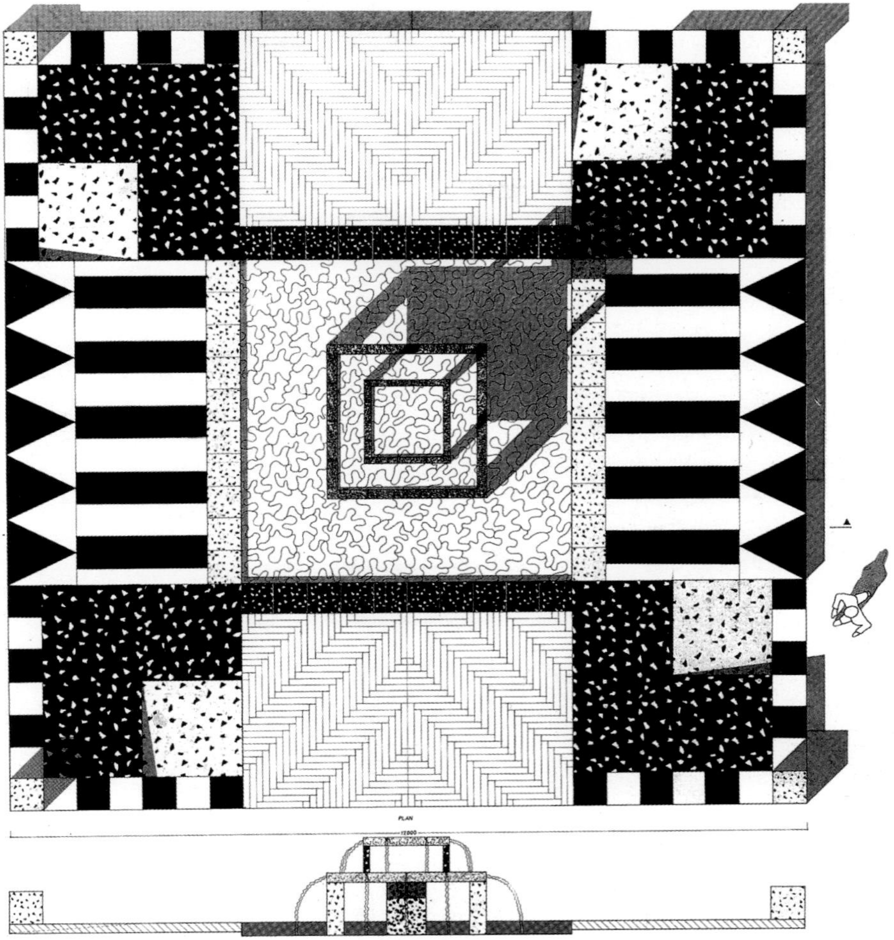
PLAN
12000

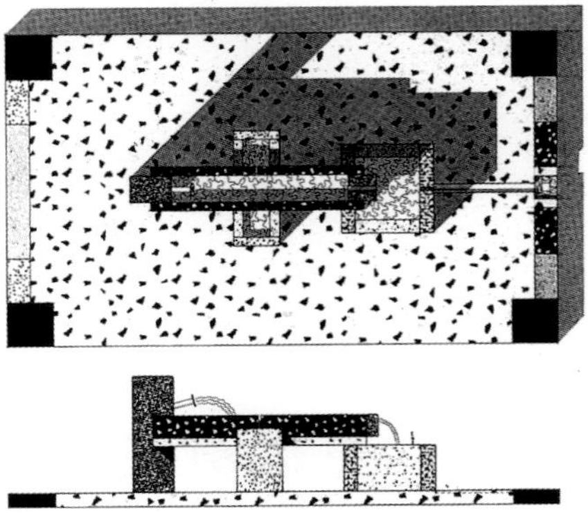

「プラスティックの思想」展ディスプレイ
1985-86

デザイン：エットレ・ソットサス、マルコ・ザニーニ
担当建築家：グィード・ボレッリ

SANDRETTO
PLASTICA

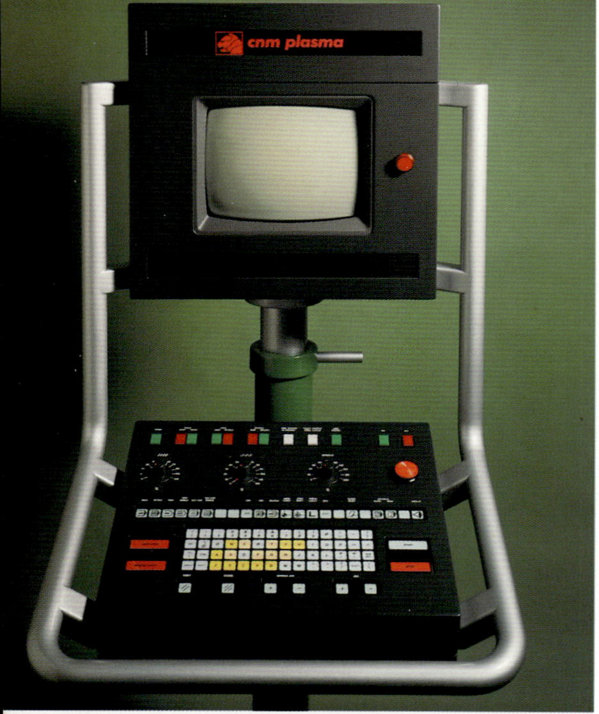

マンデッリ社の制御盤「CNMプラズマ」 1981

デザイン：エットレ・ソットサス、マテオ・テュン

「CNMプラズマ」は工作機械をマイクロプロセッサーで制御するシステムである。このデザインではオペレーターと機器との関係を単純化するために、インターフェイスの具体的な要素が重視された。視覚情報はすべて上方垂直の12インチのスクリーンおよび各機械の状態を光で示すインディケーターに集められており、いっぽうキーボードは各部分の機能がすぐそれと分かるように、色彩によってグルーピングされている。

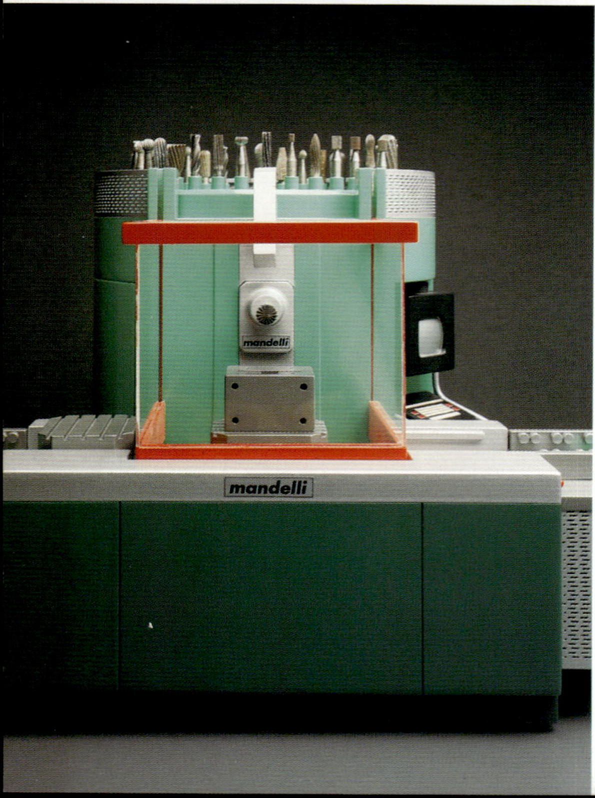

マンデッリ社の工作機械「クエイサー」 1981

デザイナー：エットレ・ソットサス、マテオ・テュン

この機械は流れ作業を行うユニットである。このデザインはその外観のありかたからしても、また内部の各部分の組織のしかたにおいても、伝統的な工作機械とは異なっている。「クエイサー」の構想はその先代たちよりもずっと安全な新世代の「親しみやすい機械」のひとつなのであり、そのなじみやすい相貌はどちらかと言えば一般の家具に似ている。このデザインは機械を各部が交換可能な生産システムの「単位」として捉えており、それゆえこの方法をさまざまな生産機構に適用し、多様な生産の必要に応えることが可能である。

mandelli
mandelli

ブリオンヴェガ社のテレビ　1980-86

デザイン：エットレ・ソットサス、マテォ・テュン、マルコ・スザーニ

ブリオンヴェガ社の仕事は1980年に始まり４つのデザインが生まれた。そのひとつは限定製品となった。

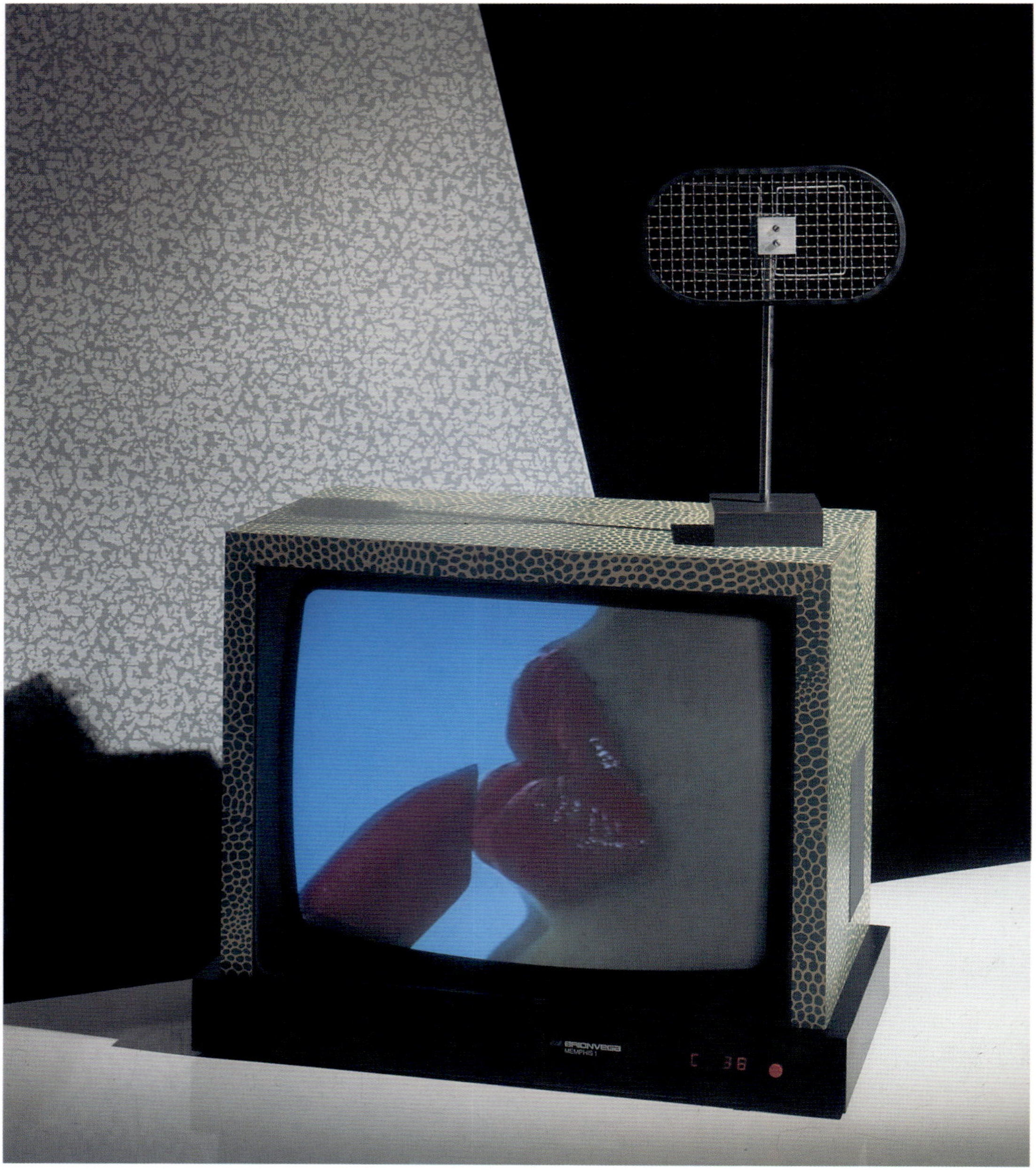

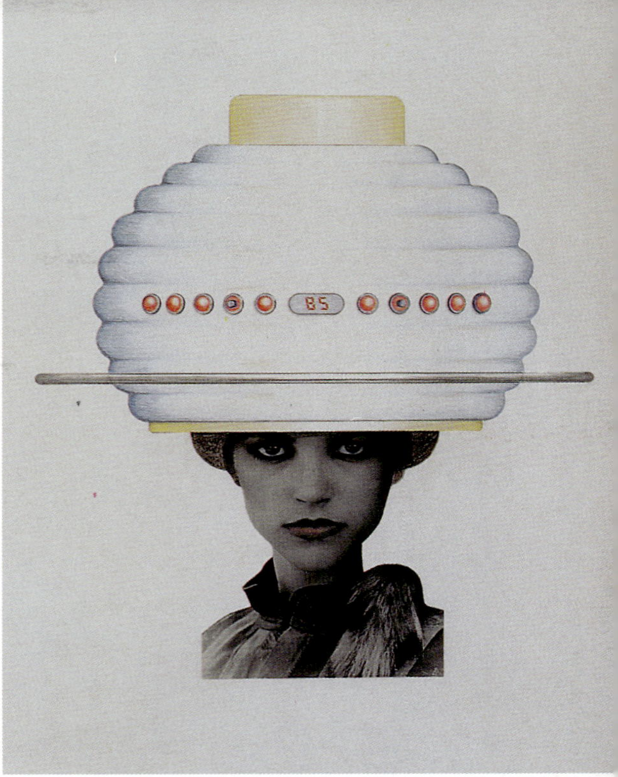

ウェラ社のヘアドライヤーフード　1981

デザイン:エットレ・ソットサス、マテオ・テュン

協力:テオ・ゴンザー

ロボット「トレース」　1982-83

デザイン：エットレ・ソットサス、マテオ・テュン
協力：ニコラ・ニコライディス、ステファノ・ジョヴァノーニ

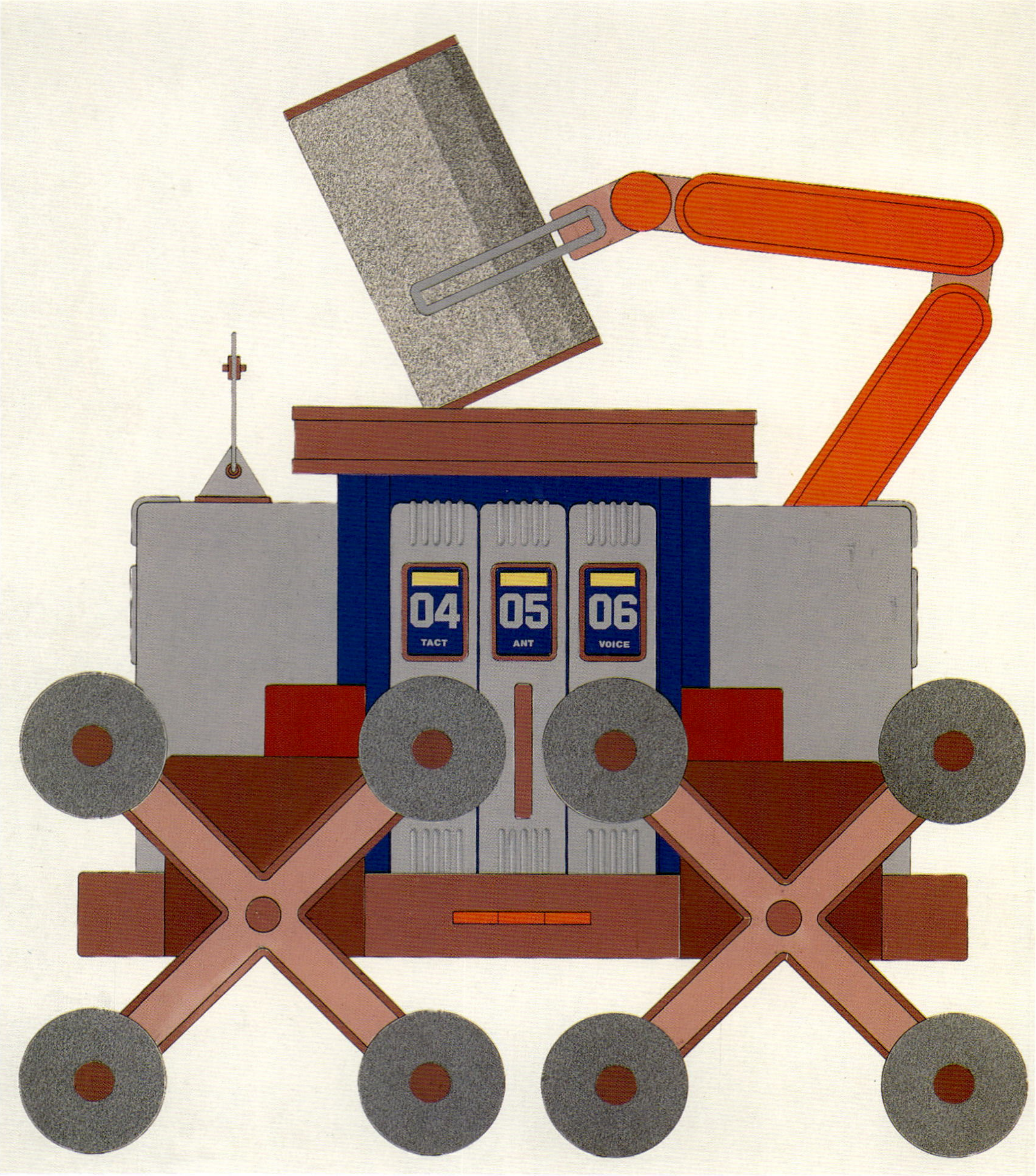

560
01
02
03
04
05
06

04
05
06

04
05
06

1986–92

1985年、ソットサスが「ヌォーヴォ・デザイン」のカリスマ的なリーダーとして世界的な喝采を浴びているとき、彼はメンフィスを去り建築に専念したい意向を明らかにした。同じ年、奨学金を得て1年間フィレンツェで勉強していたサンディエゴ出身の２人の若い建築家、ジョアンナ・グラヴンダーとマイク・ライアンがオフィスに加わった。

マテオ・テュンはその1年前にアソシエイツを去っており、1989年、アルド・チビックもまたこれに従ったとき、オフィスは拠って立つところを変えた。古参のパートナー、ソットサスとザニーニにグラヴンダーとライアンが加わって建築部門の指揮を助け、ドムス・アカデミーでコースディレクターをしていたマルコ・スザーニがデザイン部門のヘッドとなった。また同年、マリオ・ミリツィアが加わって1994年にはフルパートナーとなり、グラフィック部門のヘッドとなっている。この年、スザーニもアソシエイツを去り、ジェームズ・アーヴィンが代ってパートナーとなって、1998年までデザイン部門のヘッドをつとめた。1999年、クリストファー・レッドファーンが彼に代って新しくパートナーとなり、デザイン部門のヘッドとなっている。

この間、アソシエイツの新しい構成と目標はしだいにメンフィスを過去のものとし、アソシエイツ自身の独自の言語が明確になりはじめていった。1980年代の後半、建築の分野への着手とソットサスがしだいにこれに興味を寄せたことで、アソシエイツはこの分野においてもイタリア国外に仕事を求めることになった。1985年、ニューヨークのメトロポリタン美術館のデザイン部門のキューレターだったクレイグ・ミラーは、彼の友人であるコレクターのダニエル・ウルフに、コロラド高原に建つその大きな新しいヴィラのデザインをソットサスに頼むことを提案した。ソットサスとグラヴンダーによるこのプロジェクトは、メンフィスとそれに続くエスプリ社での仕事での経験を通して確固なものとなったデザイン言語の革新が建築に適用された最初の例となった。振返ってみると、ウルフ邸にはそれ以降の作品においてしだいに明確になりまた練り上げられていった建築的なアイディアやテーマの多くがすでに取り込まれている。すなわち外部や庭をインテリア同様に細かいディテールにまでわたってデザインする環境への周到な関心、材料と表面仕上げに対する心配り、さらにはとりわけ色を「あてがう」ことに対する関心である。すなわち抽象的な材料色は不要なのであり、それよりは空間と表面をデザインすることから生れる光と影、景観の変化が求められたのである。この建築をモニュメントとしてではなく「場」として捉える考え方は、アソシエイツの将来のすべてのデザインにおける基本的な立場となった。

ウルフ邸にはすぐいくつものプロジェクトが続いた。同じくコロラドのヴァケーションヴィレッジ、長らく設計されたままになっていて最近建設されたハワイのマウイ島のオラブエナガ邸、クアラルンプールの古い市場地区の再開発、デュッセルドルフの多目的ビル「MK3」、福岡の「ドームシティ」、フィレンツェとピサのあいだのトスカーナの田園に建つチュイ邸などである。アプリアのビショーフベルガー邸のすばらしいプロジェクトは残念ながら実現を見なかったが、のちにチューリッヒ郊外の丘陵に建つべつのビショーフベルガー邸に、いわば「置き代る」ことになった。

アソシエイツの建築のデザインはインテリアのそれに受継がれている。たとえばミラノ都心のアレッシの店舗や福岡のバー「ジビッボ」がその例であり、ツムトーベル社との長い協同も軌道に乗った。グラフィック部門も強化され、1987年まではクリストフ・ラドルの指揮下にあった。アレッシ社のグラフィックすべてや「オリベッティ総合カタログ」と並ぶこの間のもっとも重要な作品は、雑誌「テラゾ」のデザインとレイアウトである。

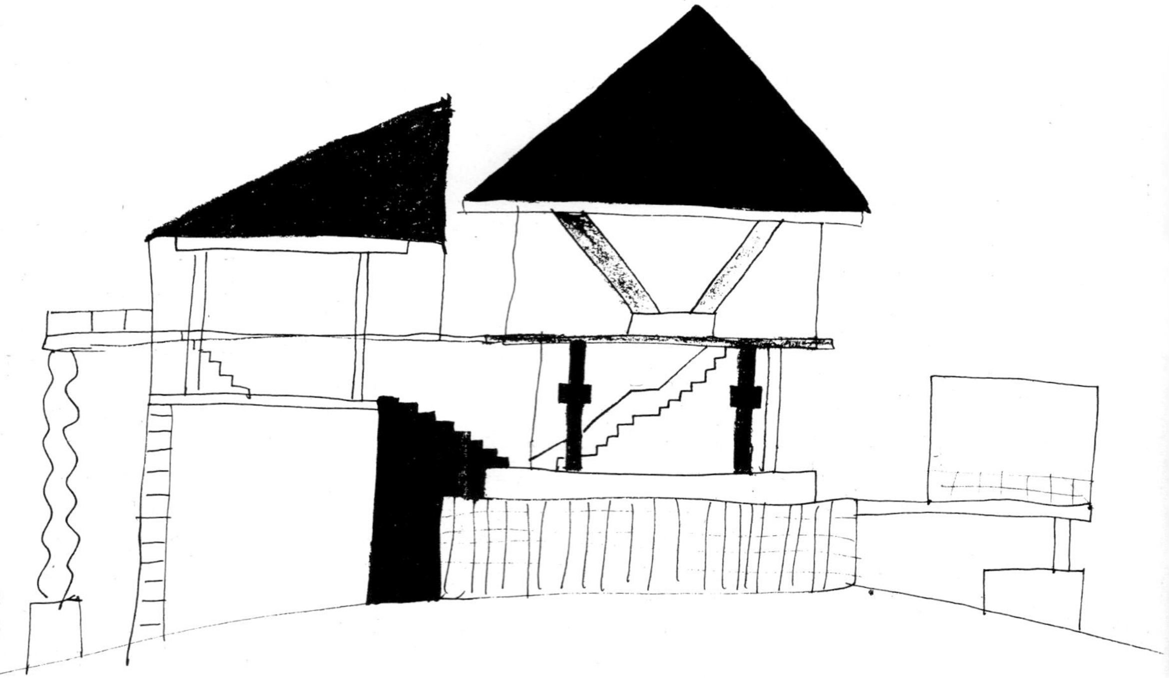

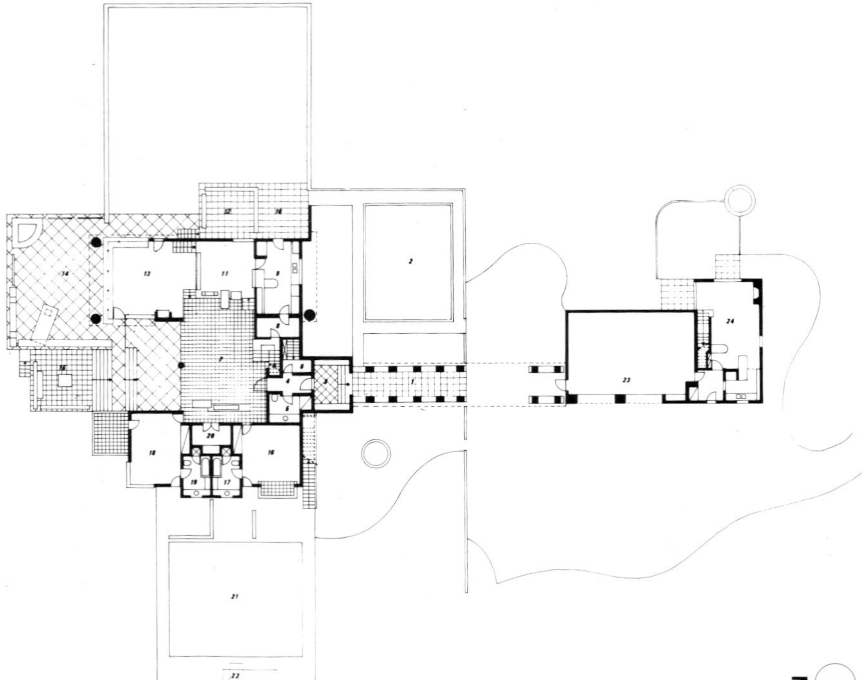

ウルフ邸、リッジウェイ、コロラド
1987-89

デザイン：エットレ・ソットサス
担当建築家：ジョアンナ・グラウンダー
現地建築家：マイケル・バーバー・アーキテクチャー

ウルフ邸はゲスト専用のスペースをそなえた600m^{2}の住宅である。このデザインには、建物・インテリア・庭園が含まれている。主棟は水平に拡がり、ガラスのアトリウムで繋がれる2つの棟から構成されていて、このアトリウムから各室にアプローチ出来るようになっている。東の棟にはゲスト・ルームがとられ、その上階に浴室および納戸付きの寝室がある。西の棟にはリビング、ダイニング、厨房があり、その上階に図書室と書庫が付属する大きなアトリエがある。

ミュラー邸の計画、チューリッッヒ、スイス
1988

デザイン：エットレ・ソットサス、
ジョアンナ・グラヴンダー
協力：マイケル・アルマーニ

この計画はチューリッヒの市心から少し離れた緑の多いおだやかな丘陵に建つ一家族のための600m²の住宅である。平面は小さな村のそれに似て中央部分にある厨房のまわりにまとめられている。これに接する部屋はそれぞれの機能に合わせてうまく配置されている。すなわち石で葺いた伝統的な切妻屋根をいただく2階分の高さのあるリビング、ダブルベッドの置かれた寝室のブロック、リビングへの開口をもつ子供部屋と書斎、それにプレイルームである。下階にはガレージとサービス部分がおさめられている。

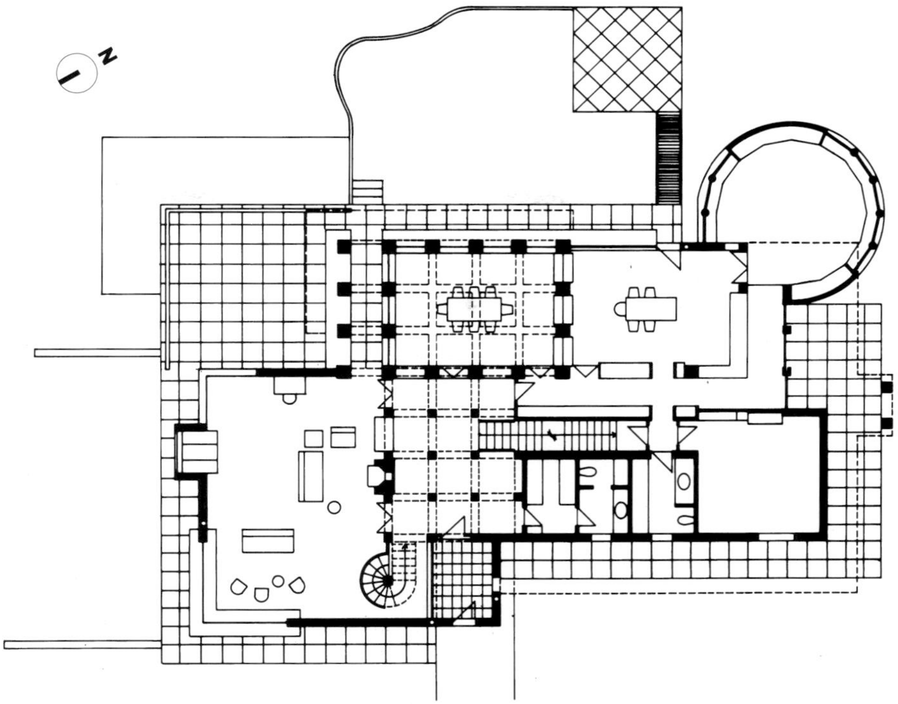

1986–92

ログ・ヒル・メサの集落計画、コロラド 1989

デザイン：エットレ・ソットサス
ジョアンナ・グラヴンダー

これは10戸からなるローコストのリゾートヴィレッジで、1戸あたりの面積は80〜100m²である。中央の通りに面して並ぶそれぞれの家は、道路から距離をおき壁体によって囲まれている。各住戸にはテラスに付属する中庭とそれとは別の庭とがあり、背面には谷に向う眺めかメサの森の眺望が拡がっている。

ビショーフベルガー邸計画、プーリア、イタリア　1988-89

デザイン：エットレ・ソットサス、ジョアンナ・グラヴンダー

これはプーリアの海を見わたす敷地に建つ1,000m²の大邸宅のプロジェクトである。建築主はコレクターで、大きな絵や彫刻、その他のコレクションを展示する広いスペースを中心にすることが求められた。デザイン

はこの中央のスペースの周囲に展開し、さまざまな部屋が、あるいはそれに隣接し、あるいはその上部に架かってと、さまざまな形で主室と結ばれている。デザインはさらにそこから外へと向い、テラス、ポーチ、中庭、庭へと拡がっていくのである。

第２案は基本となる構想は共通だが、外観に一貫性をもたせ、この地方の古くからの様式に従ってトラーニ石のみで仕上げるようになっている。

MK3ビル計画、デュッセルドルフ、ドイツ 1989

デザイン:エットレ・ソットサス、ジョアンナ・グラヴンダー
協力:パオロ・デ・ルッキ、ロベルト・ポラストリ、鈴木健

これはライン河の堤沿いに建つ26,000m²のビルの計画である。全体は河に向って開く中央の四角い広場をめぐって構成されている。建物の基本となる構造体はテーブルを思わせ、その上下に必要なスペースが配されている。1階レベルには店舗、レストラン、劇場、映画館があり、「テーブル」の天板とのあいだの部分に、広告会社のオフィス、貸オフィススペース、画廊、カメラマンのスタジオなどが配されている。最上部、すなわち「テーブル」の天板の上には、デザイナーたちのスタジオやオフィスが、小さくて軽量の自由に組み換えの出来る構造で造られている。これらは広場や庭、バルコニーなどを配して集落のような形にデザインされている。

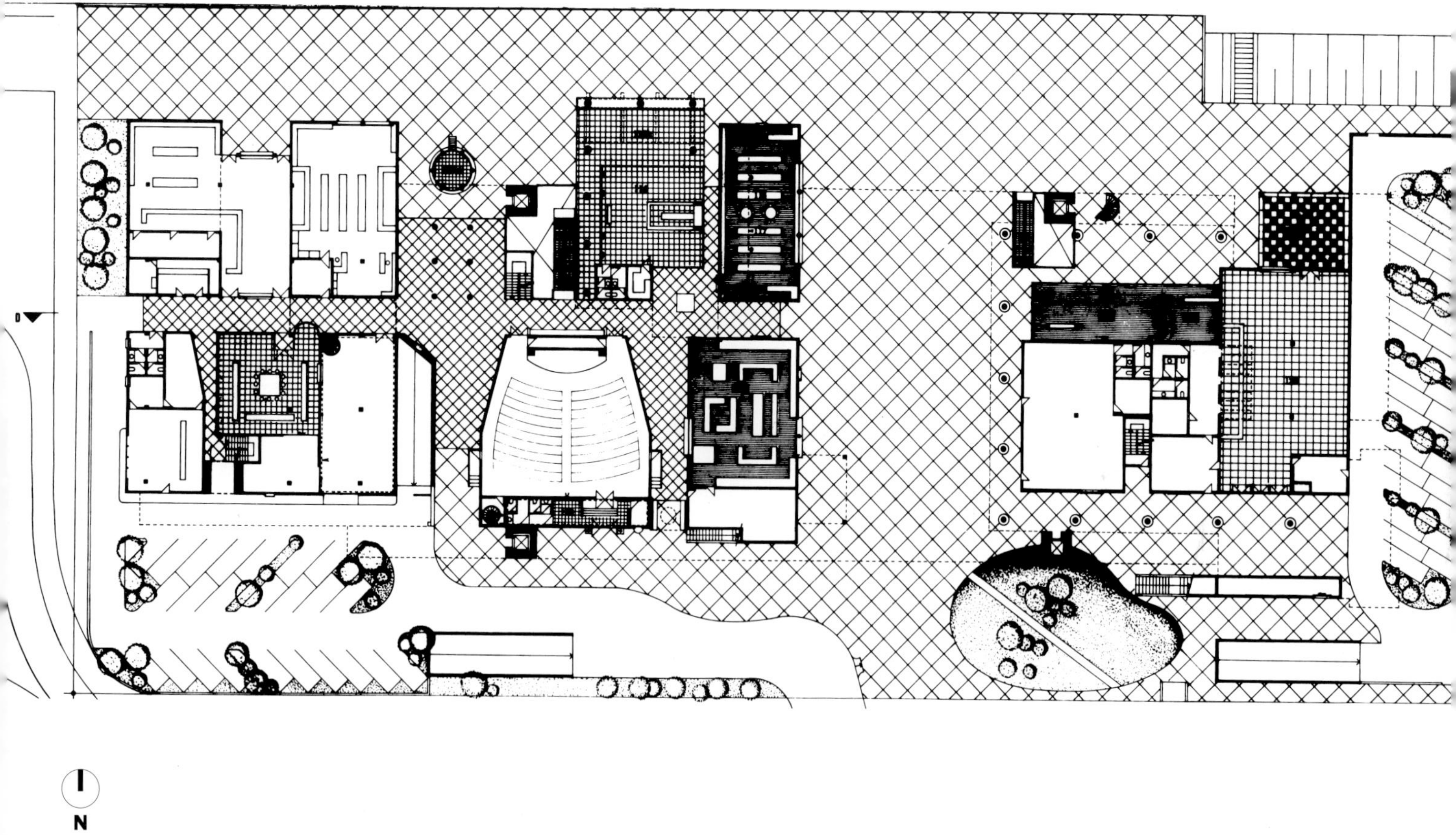
N

オラブエナガ邸、マウイ、ハワイ
1989-97

デザイン:エットレ・ソットサス
担当建築家:ジョアンナ・グラヴンダー

この250m²の住宅は太平洋を一望におさめる丘の上に建っている。建物は大きな黒い「テーブル」形の構造の下、周囲、上にいくつもの独立したブロックを配する形に造られている。内部の空間はさまざまなレベルでつねに外部の空間と繋り、最終的に太平洋を見はるかす大きな木造のテラスへと達する。

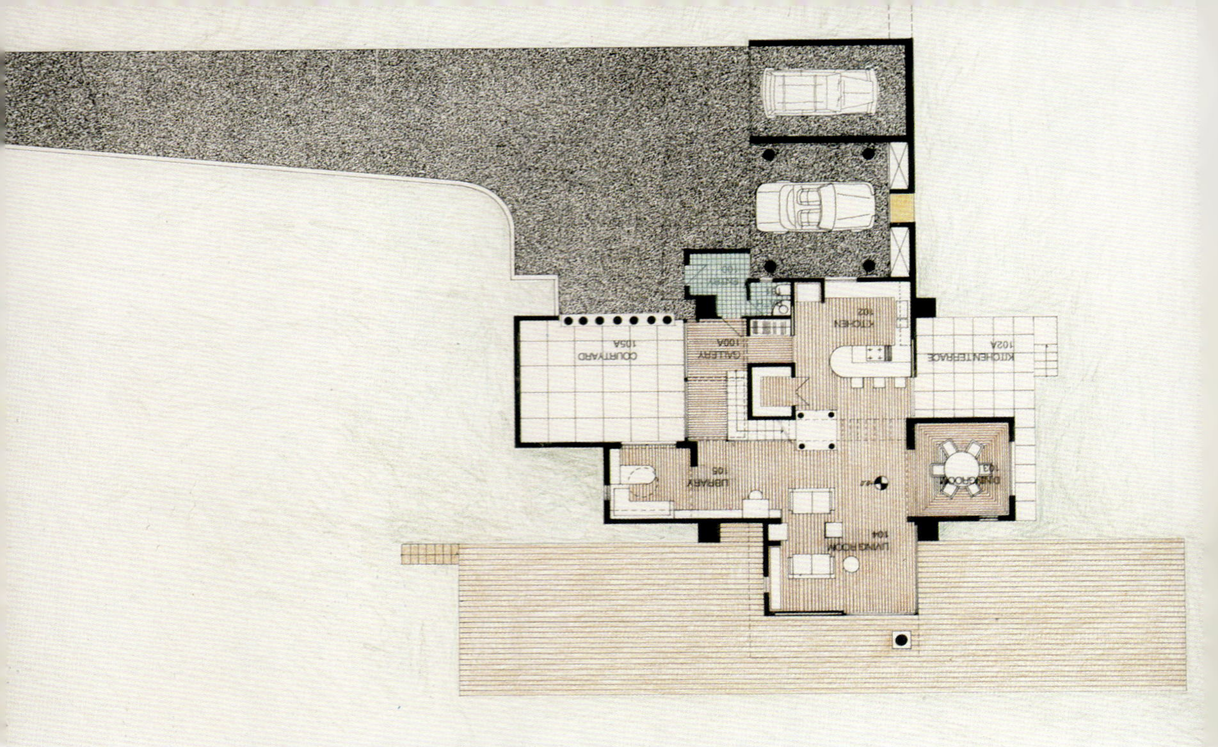
COURTYARD 105A
GALLERY 100A
KITCHEN 102
KITCHENTERRACE 102A
LIBRARY 105
LIVING ROOM 104

多目的開発「セントラル・コート」計画、クアラルンプール、マレーシア　1992

デザイン：エットレ・ソットサス、ジョアンナ・グラヴンダー

この店舗、バー、レストラン、オフィス、70室のホテルをおさめる商業センターは、歴史の古い中華街と川とにはさまれたクアラルンプールの昔からの労働街の中に計画された。全体はひとつの集落のような形に構想されており、小さな独立した単位がテラスや内側にとられた通路で組織され、ドームからの陽光が溢れる屋根付きの広場を取り囲んでいる。

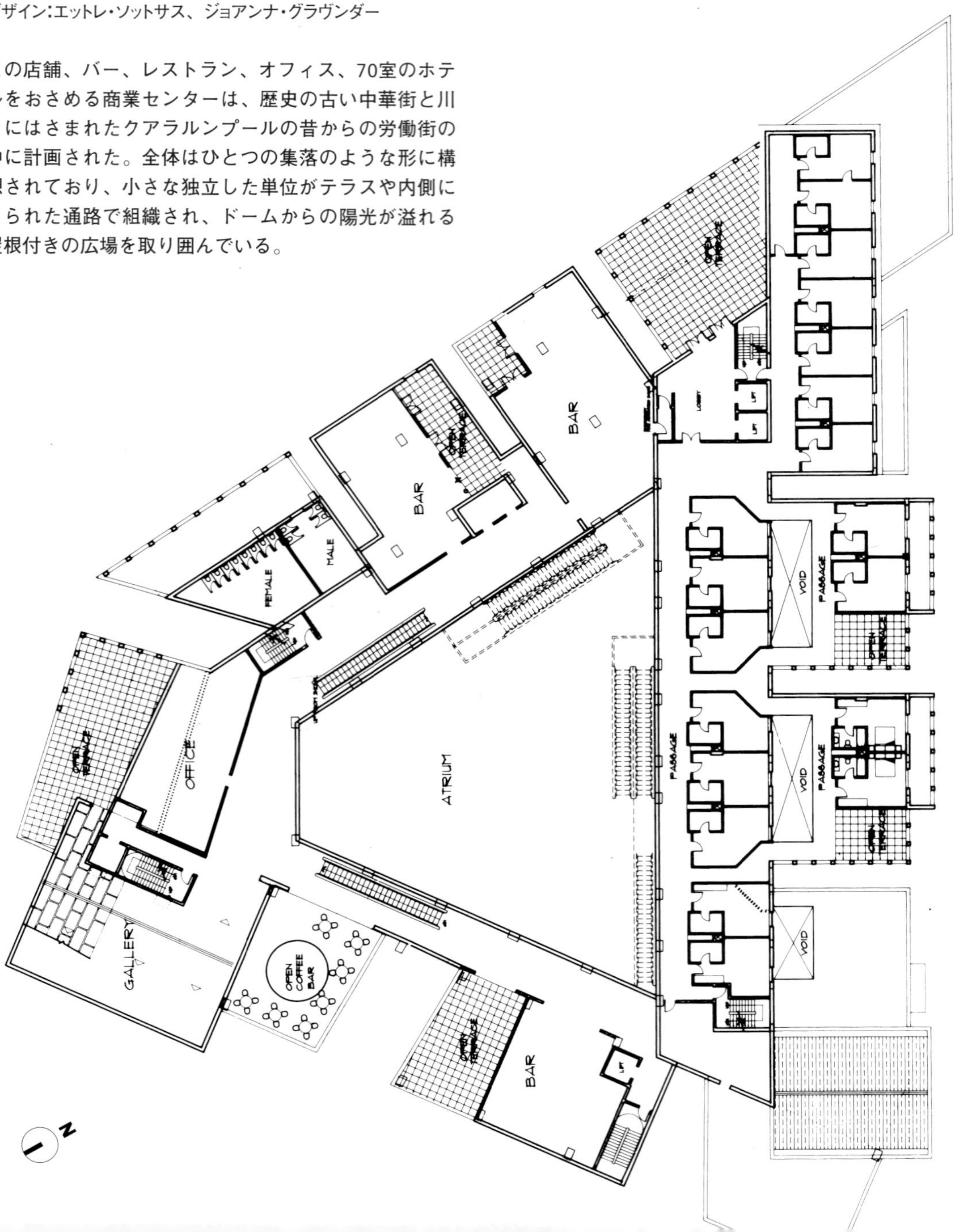

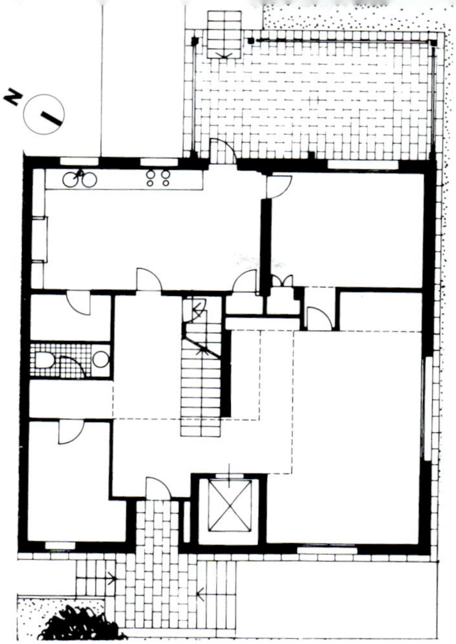

チェイ邸、エンポリ、イタリア　1991-93

デザイン：エットレ・ソットサス、マルコ・ザニーニ、マイク・ライアン
協力：ミルコ・カルボーニ、ティム・パワー
現地建築家：スタジオ・マエストレッリ

この450m²の住宅はフィレンツェとピサのあいだのトスカーナの田園地帯にある。建物はイストリア石を外壁とし、赤いアルミで切妻屋根を葺いたシンプルな2階建である。1階は昼間のスペースで、大きな天井の高いリビングと広い厨房がある。2階には寝室が3つあり、それぞれ浴室が付いている。屋根裏にはゲストルームがあって、大きなテラスに出れるようになっている。建物本体と持ち上げられた屋根とのあいだの連続する高窓からは拡散した自然光が降り注ぐ。

多目的開発「ツイン・ドーム・シティ」計画、福岡、日本　1991

デザイン：エットレ・ソットサス、マルコ・ザニーニ、ジョアンナ・グラウンダー
協力：ジョージ・スコット、パオロ・デ・ルッキ

都市計画でもありデザインでもあるこのプロジェクトには、啓蒙的で科学的なアミューズメント・センター、スポーツセンター、1,000室のホテルが含まれている。このデザインは大きなスケールの空間とひそやかな壁の窪み、限られた視界、庭園、柱廊といったものとを並置することで、公共のスペースがもつモニュメンタルな尺度と人間的な尺度とのあいだの繋がりを生み出すことをはかっている。敷地の90％をおおう10mの高さのデッキがベースになっていて、その上に3つの主たる構造体、すなわちスポーツセンターとアミューズメントセンターのドーム、それにホテルが載っている。デッキの下の空間はパーキング、アプローチ、サービスなどの用に供される。デッキは歩行者のためのゾーンであり、自動車に煩わされない広場と庭園がとられる。

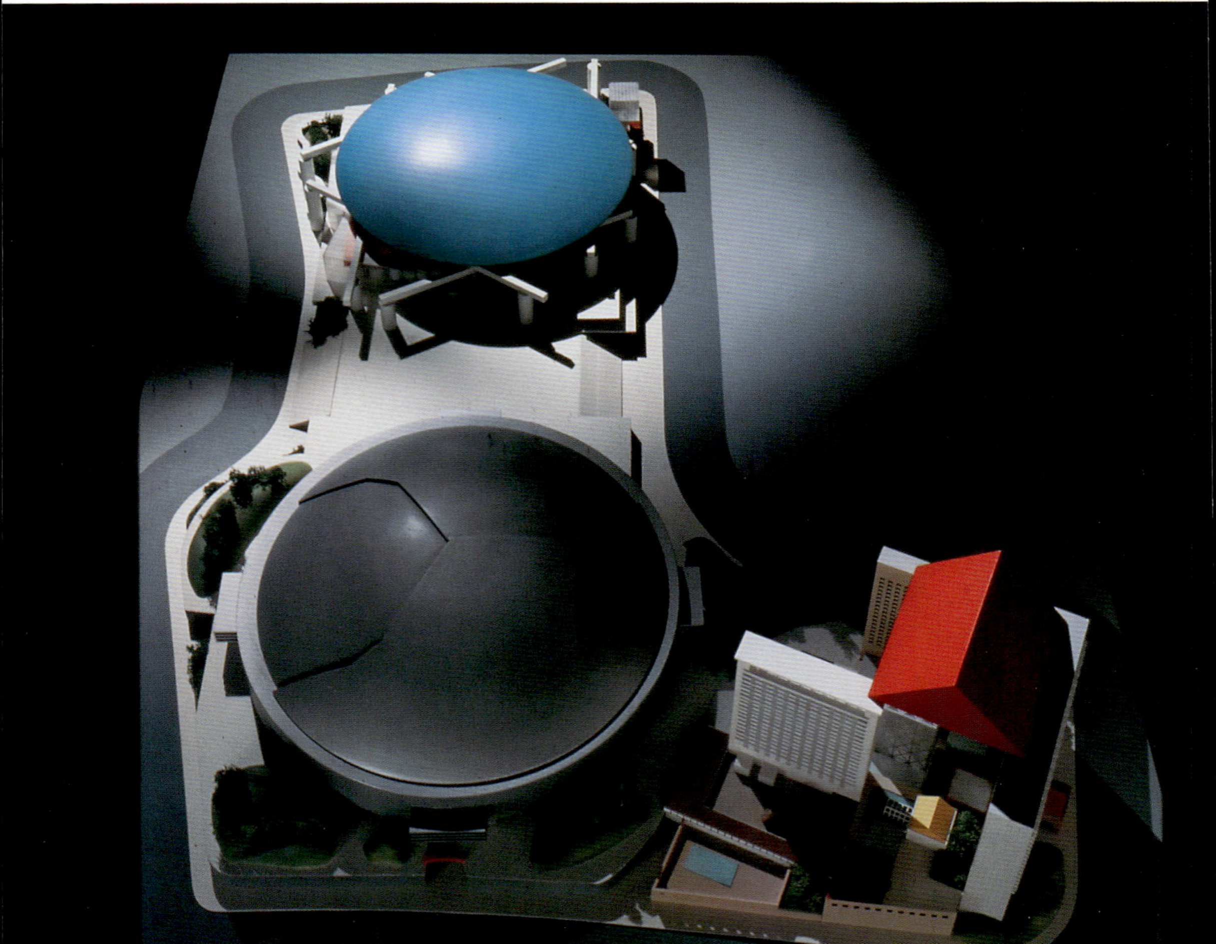

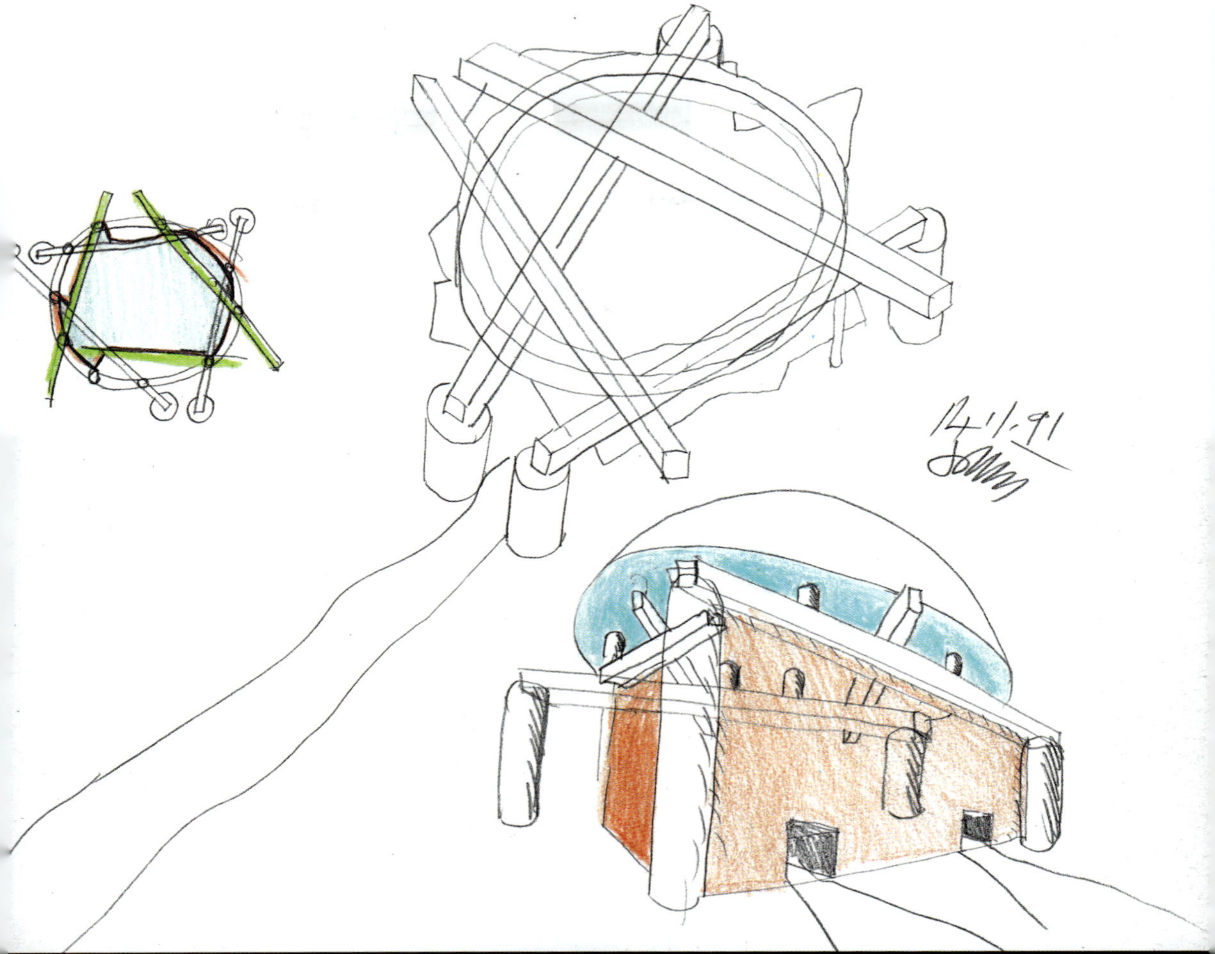
14.1.91

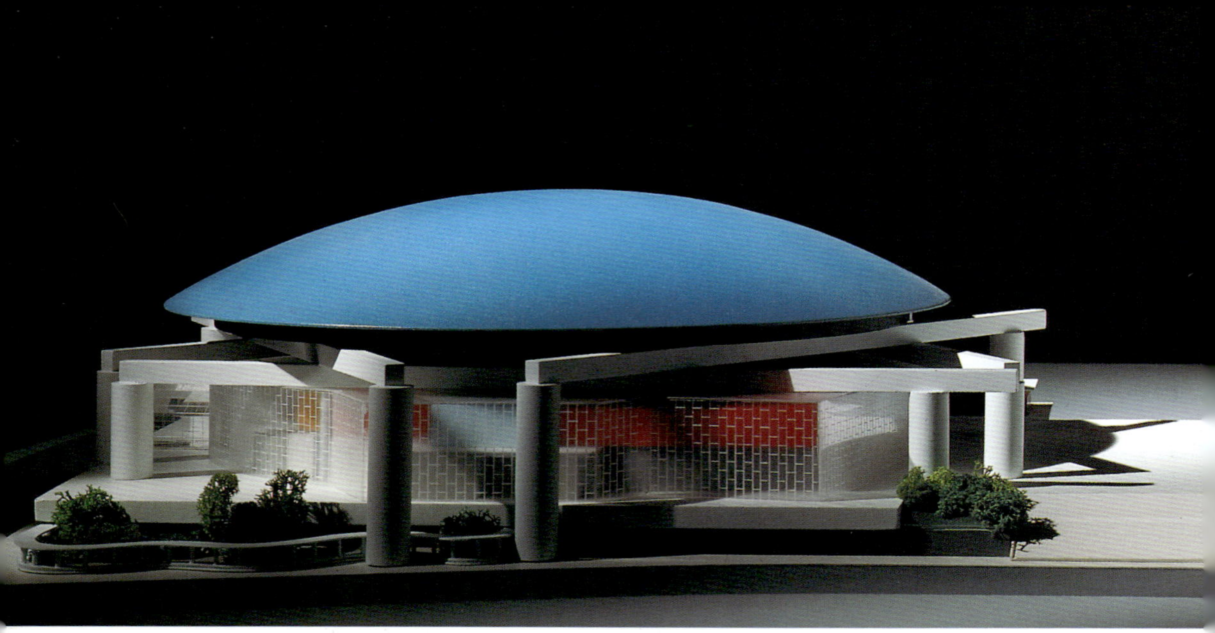

エルグ・ペトローリ社のイメージデザイン　1988-90

デザイン：エットレ・ソットサス、マルコ・ザニーニ
協力：ナタリー・ジーン、ジャンルイジ・ムッティ、ティン・パワー
グラフィック：マリオ・ミリツィア、ダグラス・チッカルディ、セルジォ・メニケッリ

エルグ・ペトローリ社はアソシエイツにそのガソリンスタンドの全体的なデザインの見直しと、ロゴ、サイン、ユニフォームのグラフィックデザインを依頼して来た。このデザインは従来のモデュールにのったプレファブユニットを用いる方法に代る、スタンドの屋根と建物に対する洗練された建築的な解決を示している。スタンドのすべての要素は、ドライバーがひと休みしリラックスする小さな広場を中心に組立てられている。

TTEGA

ERG

バー「ジビッボ」、福岡、日本　1989

デザイン：エットレ・ソットサス、マルコ・ザニーニ、マイク・ライアン

イタリア南部に産する格別に甘いぶどうの名「ジビッボ」が、福岡のバーの名前に択ばれた。このバーはアルド・ロッシがデザインしたホテルの中にある。このバーは複数のレベルから構成されており、その中に小部屋やテラス、階段などがとられて、極小のスペースのうちにひそやかな踊り場や全体を眺め渡す場、あるいは道の空間が造り込まれている。天井は大空のごとく青い地に金色の星が描かれている。材料は多種にわたっており、いろいろな組み合わせを見せる彩色された砕岩から大理石まで、またラッカー塗装の木材からエナメル塗装のメタルにいたるまでさまざまである。基本となっている色は黄、ダークブルー、ライトブルー、白である。

第48回ヴェネツィア映画祭のパラッツォ・デル・チネマの入口　1991

デザイン：ジョアンナ・グラヴンダー
協力：パオラ・デ・ルッキ
グラフィック：マリオ・ミリツィア

ヴェネツィアのパラッツォ・デル・チネマの正面の広場のデザインは、このイベントのロゴにもとづいている。4個のコンクリートブロックが造る大きな門柱が支える枠組に、明るく輝くロゴの眼が取り付けられて、広告板の役割を果している。正面の広場はベンチや柱、デッキ、階段などによる石の迷路として構想されている。

アレッシ社のショールーム、ミラノ、イタリア　1987

デザイン：エットレ・ソットサス、マルコ・ザニーニ、マイク・ライアン

アレッシ社の店舗とショールームはミラノの市心にあり、エレベーターが　3つの階を繋いでいる。最上階はショールーム、小さな展示ホール、それにミーティングおよびプレゼンテーションの場として用いられている。中央の階には街路に面した大きな飾窓がとられ、地階は店舗と倉庫になっている。このデザインの核となっているのは、2つの大きな大理石の陳列台のある飾窓である。

ノル社の家具　1986

デザイン：エットレ・ソットサス、マルコ・ザニーニ
協力：ジェラルド・テイラー、ジョルジュ・ヴァディッロ

エノルメ社の電話器　1986

デザイン：エットレ・ソットサス、マルコ・ザニーニ、マルコ・スザーニ
協力：リチャード・アイザーマン、ラリー・ラルスキー
技術：デイヴィッド・ケリー・デザイン

1980年代のはじめ、アソシエイツは外部のパートナーとともに、従来の家電製品と造形力および品質において比肩するハイテクの電気機器のデザイン、開発、販売を目的とするエノルメ社を発足させた。エノルメ社のためにデザインされたものとしては、電話器（アメリカと日本で販売された）、計算器、ラジオ、テレビなどがある。

フィリップス社の照明器具「ハロー・クリック」イタリア　1988

デザイン：エットレ・ソットサス、マルコ・ザニーニ
協力：ミケーレ・バッロ

「ハロー・クリック」は大量生産して広く販売することを目的としたローコストの家庭用の照明システムである。標準化された照明ユニットが基本であるが、取付け方次第でさまざまなタイプの照明になるようになっている。ユニット本体は大量生産向きに開発されており、高温に耐えるプラスティックの成型で、自由な向きに動かせるジョイントが付いている。

ツムトーベル社の照明器具、オーストリア 1988-98

デザイン：エットレ・ソットサス、ジェームズ・アーヴィン、マルコ・スザーニ
協力：リチャード・アイザーマン、リカルド・フォルティ、フラヴィア・テュムシルン

オーストリアのツムトーベル社との10年にわたる協力関係から、とくに特殊な照明技術を目指したこれまでにない一連の照明器具が生まれた。その最新のものである「アエロ」は、最新の技術を駆使して造られた、とりわけコンピュータ作業に最適の洗練された照明器具である。

（上）ハロゲンランプ「アルトスIII」

フロアスタンド「IDーS」

ブラケット型照明器具「アエロ」

ブラケット型照明器具「チロス」

ボダム社の家庭用品、デンマーク
1988-89

デザイン:エットレ・ソットサス、マルコ・スザーニ
協力:リチャード・アイザーマン

トーヨーサッシ社のプレファブ窓枠「トステム」、
日本　1990

デザイン：エットレ・ソットサス、マルコ・スザーニ
協力：リチャード・アイザーマン、リッカルド・フォルティ

日本のサッシ会社の大手であるトーヨーサッシがアソシエイツに委嘱した核家族向け住宅用のプレファブ窓枠のデザイン。

NTT社の携帯電話帳「エンジェル・ノート」
日本　1990

デザイン：エットレ・ソットサス、マルコ・スザーニ
協力：カツカワ・マサフミ
グラフィック：ヴァレンティナ・ヘルマン

「エンジェル・ノート」は個人用の電子電話帳である。「エンジェル・ノート」はNTTのデータベースに接続することによって電話番号とアドレスを検索することが出来、ただちに相手側に電話を掛けることが出来る。この機能を拡張すれば、「エンジェル・ノート」はテレコミュニケーションの全分野にわたるサービスを受けられる端末となる。ディスプレイ部はどんな光線の条件にも対応できるよう蝶番によって180°自由な位置に固定出来るようになっており、全体を立てて用いることも可能である。

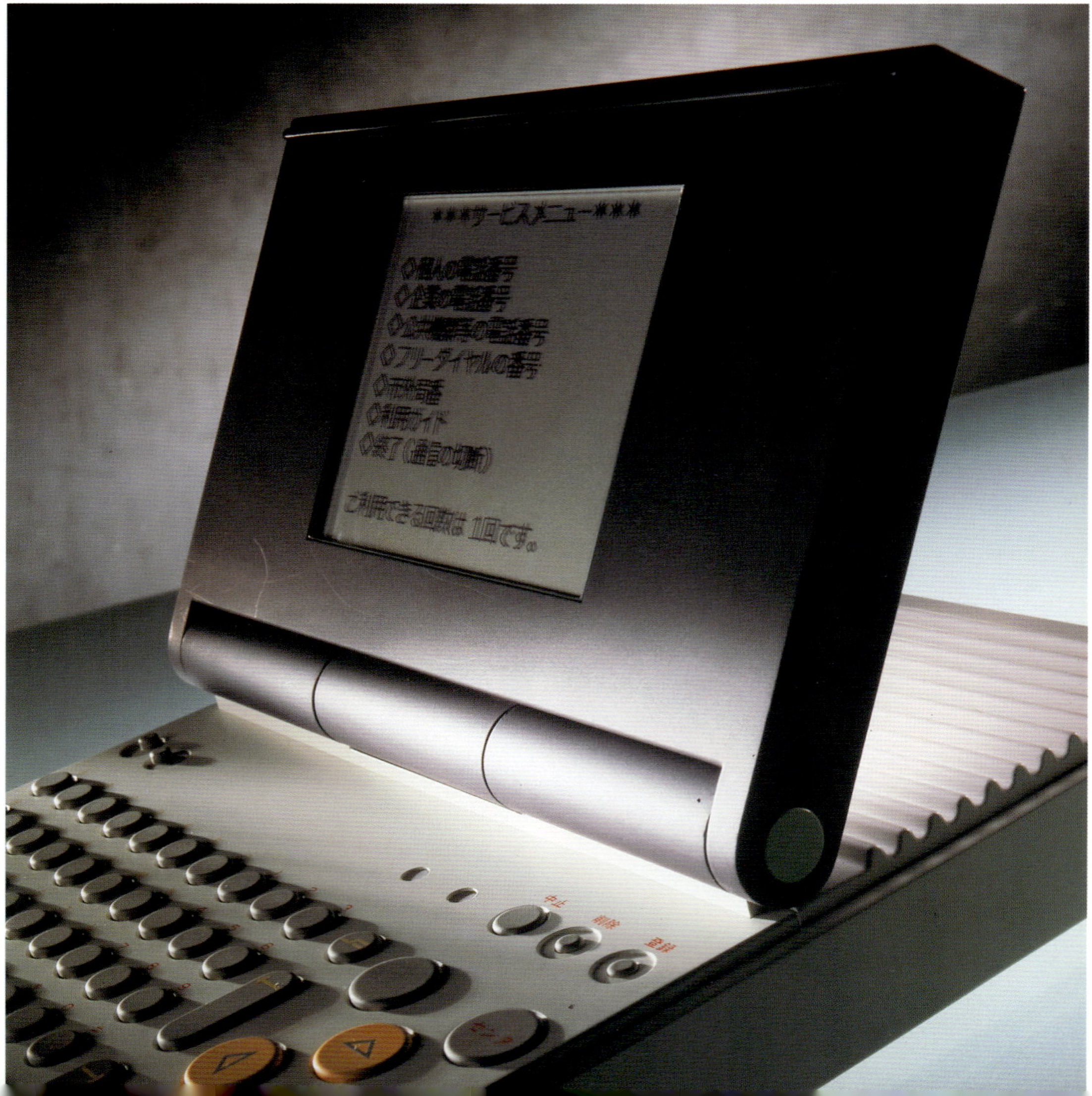

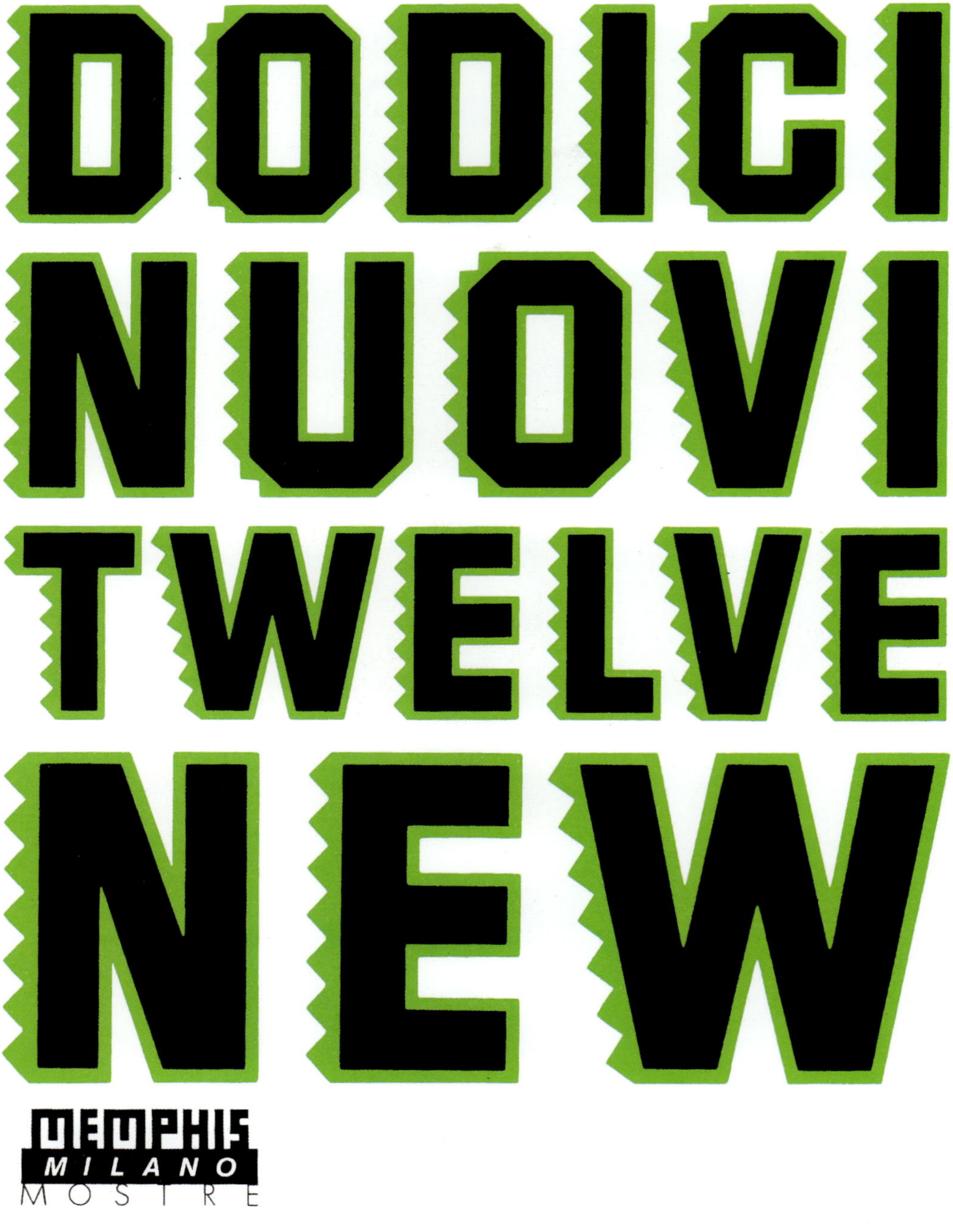

メンフィス・ミラノ展「新作12」カタログの表紙　1986（デザイン：クリストフ・ラドル、マリア・マルタ、レイ・ローザ）

「オリベッティ総合カタログ」の表紙　1987（デザイン：クリストフ・ラドル、ジョージ・ソウデン、シモン・モーガン）

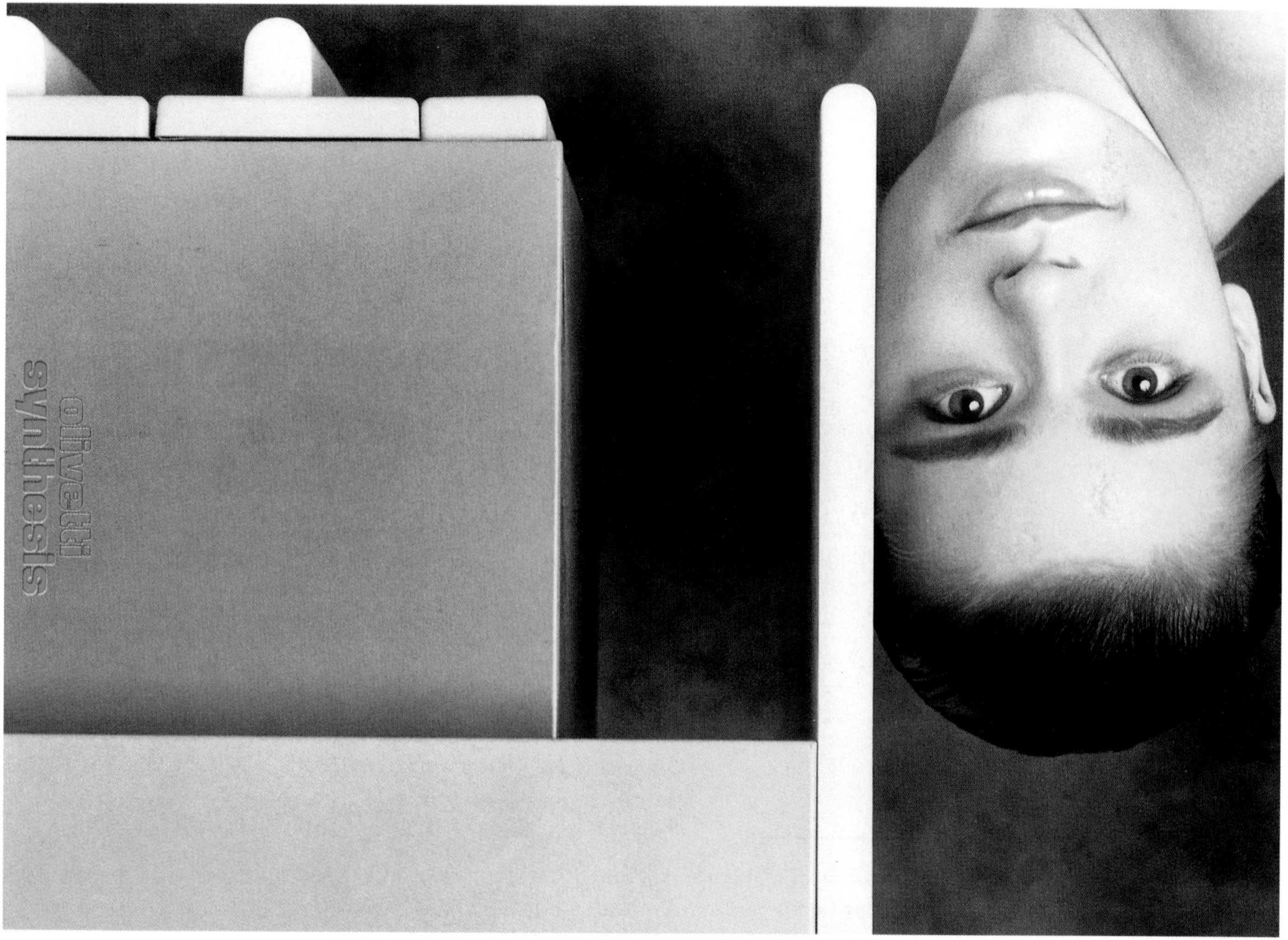
olivetti
synthesis

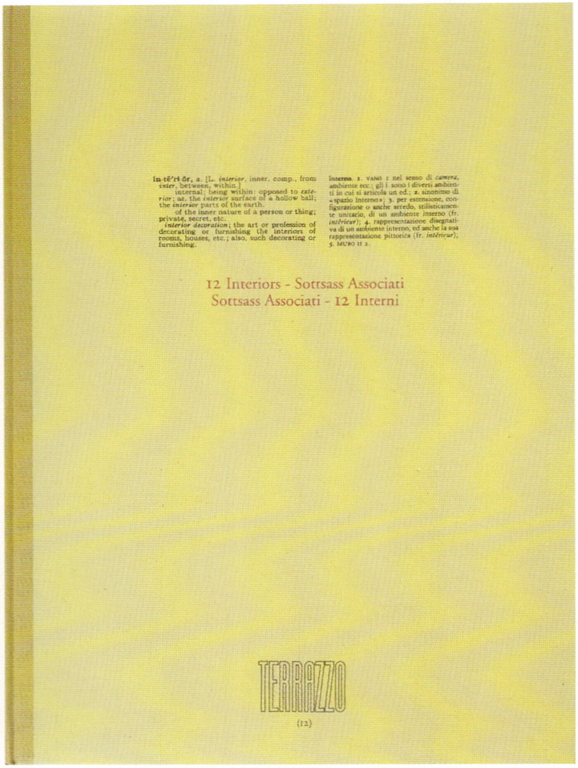

（上）「テラゾ」 叢書のためのグラフィックデザイン　1996-98　（デザイン：マリオ・ミリツィア、アントネッラ・プロヴァージ）
（下）雑誌「テラゾ」のためのグラフィックデザイン　1989-96　（デザイン：クリストフ・ラドル、アンナ・ワグナー）

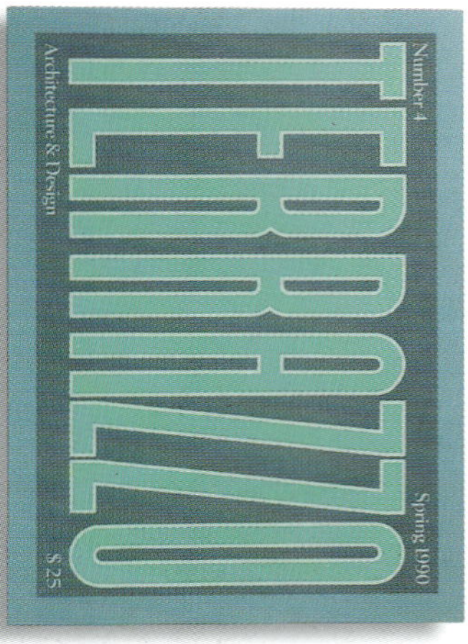

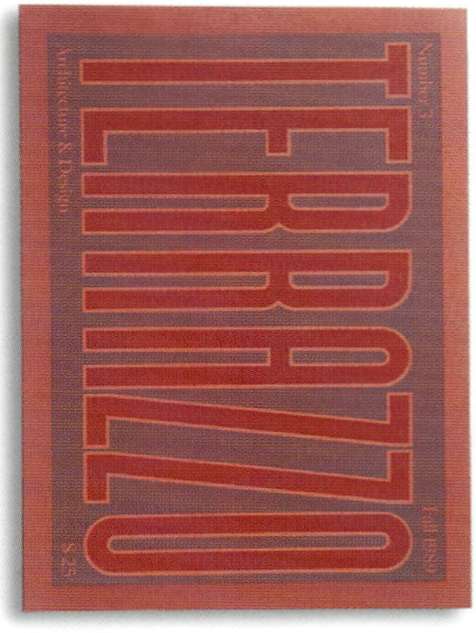

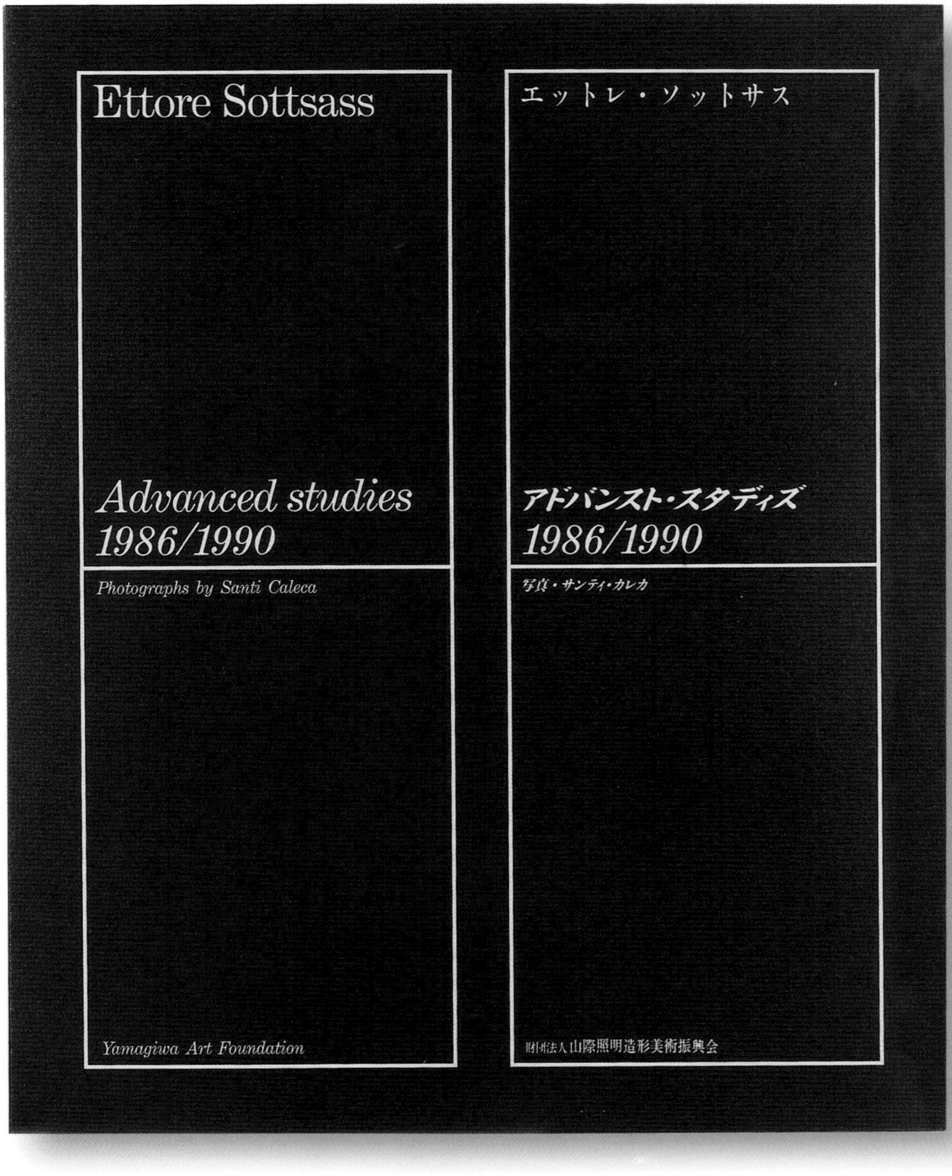

エットレ・ソットサスの本、「アドバンスド・スタディーズ　1986-90」のためのグラフィックデザイン　1990（デザイン：マリオ・ミリツィア）

ERG

1.

ANSALDO

2.

Das europäische Haus

3.

ULTIMA EDIZIONE

4.

1. エルグ・ペトローリ社のロゴ　1990（デザイン：ダグラス・リッカルディ）
2. アンサルド社のロゴ　1984（デザイン：クリストフ・ラドル）
3. デザイン展「ヨーロッパの住宅」のマーク 1992（デザイン：マリオ・ミリツィア）
4. ウルティマ・エディツィオーネ社のロゴ　1992（デザイン：マリオ・ミリツィア）

5. 見本市「モーダ・イタリア」のロゴ、日本　1990（デザイン：マリオ・ミリツィア）
6. ガレリア・デッレ・イデー・チェーンのロゴ　1994（デザイン：マリオ・ミリツィア）
7. オリベッティ・デザイン・スタディオのロゴ　1994（デザイン：マリオ・ミリツィア）
8. テッシトゥーラ・ポンテランブロ社のマーク　1991（デザイン：マリオ・ミリツィア）

XLVII MOSTRA INTERNAZIONALE D'ARTE CINEMATOGRAFICA
4/15 Settembre 1990 Venezia Lido
La Biennale di Venezia - Settore Cinema e Televisione

第47回および第48回ヴェネツィア映画祭のポスター　1990-91（デザイン：マリオ・ミリツィア）

1993–99

1990年代はソットサス・アソシエイツの拡大と安定の時期であった。メンバーはよりコンパクトになり均質になって成熟した。その内部関係も前よりずっと団結力が強くなり落着きをもった。マリオ・ミリツィアは言う。「いまはオフィスにはスターも少なく、メンバーが自らを認めてもらうことに汲々とすることもなくなりました。私たちの仕事のスピードも以前より早くなっています。私たちはきわめて大きなプロジェクトを比較的小人数で処理する能力をもっていますし、こうしたプロジェクトをデザイン、グラフィック、インテリア、建築といったあらゆる視点から検討するすべも心得ています。こうしたこといっさいが格別な一体感を生み、私たちのデザイン言語もずっと洗練されて、その結果として当然さらに明確で精密なものになっているのです」。アソシエイツの向う方向もまた明確である。ソットサスを除けばただ一人、1980年以来パートナーでありつづけるザニーニは、1994年以降、会社のマネージングディレクターでもあるが、彼はこれまでの過程で——どうしようもなく——いくつかの幻想を切り捨てたと言う。彼はたえず変化する市場に歩調を合わせるのは難しいが、しかし興味ある仕事だと考えている。「生き残るためには、やって来る仕事はほとんど受けなければなりませんが、それは私たちに非常にさまざまな分野での活動やつねに高度にフレキシブルでありつづけること、新しい専門技術の開発などを強います。けれども私たちはマーケティングはまったく下手です」。しかしいっぽうでザニーニはメンバーは文化的なセンスと柔軟性を要求される「難しい」仕事にはたけていると言う。この点はソットサスも同意見だ。彼は言う。「私たちはラッキーです。私たちのことを良く知っているクライアントがやって来るのですから。ツムトーベル社、カルデウェイ社、グッツィーニ社、ザノッタ社、ＩＣＦ、シーメンス社が皆、その例で、私たちは彼らと長年にわたる相互関係を築いています。こうした開いた目をもつ会社やクライアントは、プロダクトデザインをたんにセールに役立つものとしてでなく、さらに広い機能を持つものとして考えるようになっています」。

ソットサス・アソシエイツの経歴はこれを実証している。1980年代にはデザインはほとんど家具かプロダクトに限られていた。ところが1990年代には、シーメンス社やデュポン社、アベット・プリント社などの色彩計画に示されるように、より広汎でまたいっぽうより特殊な事柄についてのデザイン上の意見を求められることが増加している。これらのほとんどはつねにグラフィック部門が担当するが、その仕事は他の部門とつねに密接な連関を保って行なわれている。

建築に関して言えば、その将来は都市計画的な研究やプロジェクトについてのレポートを含む方向へと拡がっている。もっとも大がかりなものとしては、巨大なサービス地区として想定された完全な新都市のデザインがある（ソウル新国際空港地域の都市計画と、同じく韓国の仁川市の拡張計画がその例である）。

ザニーニとともに新マルペンサ空港のプロジェクトに4年間従事してきたマイク・ライアンは、複雑な仕事ほどスピードの早さと集中が要求されると言う。規模及び公共事業体との対応ということからすぐれたマネージメントの才能が必要だったマルペンサのプロジェクトについてライアンはこう言っている。「それは楽な仕事ではありませんでした。でも私たちは本来何でもあるが静かさだけはないという環境に静かさを持ち込むことに成功したのです。空港は歓待の場であり、疲れた人、それとときにまごついている旅客をほっとさせる場でなくてはなりません。なのにそれをショッキングなスーパーテクノロジーの場にして興奮にたたきこもうとするひともいます。「優雅」とも言える空港をデザインするなんて挑発と見なされかねませんね」。

ひ弱でレトリックに身を包んだ形で開陳されるモダニティ、あるいはハイテクさらけ出しのモダニティは、メンバーの誰しもがけっして良しとすることのない方向である。けれどもおそらくパートナーとスタッフのほとんど全員が年齢的に若いことによって、アソシエイツは技術的に多才という点では世界でもっとも先進的な会社のうちに属している。それはつねに好奇心旺盛であり、もっとも今日的なデザイン技術に対して、ハードでもまたソフト面においても全精力を注ぎ込んでいる。

ジョアンナ・グラヴンダーはソットサスとつねに密接な協同を行なってきた。過去5年間に実現した建築プロジェクト（東京のユーコ邸、ラヴェンナの現代家具博物館、紹興のゴルフハウス、ベルギーのセント・リーヴェンス・ウーテムのファン・インペ邸とラナーケンのナノン邸、同じくベルギーのバードハウス）について問われた彼女はこう答える。「私たちは以前よりずっとプロフェッショナルになっただけでなく、その経験を重ねること、つまり課題により現実的に取組むことで、今日の世界とさらに良く歩調を合わせたデザインのスタイルを開発していっています。私たちはまたいわゆる技術的解決を行なえるようになっています。たとえば建物内の光の補充とか物理的、心理的な要求を満たしなおかつ予算にもおさまるディテールの解決にも巧みになりました」。形態の点から見ても、アソシエイツの建築を「場」として捉える思想は以前よりもずっと明確になって来ている。それはモニュメントや彫刻ではなく、またミニマルやブルータルのイメージを追うものでもなく、ましてや技術や工学の見せびらかしでもない。それは道や生活動線のほとりに実存の断片の集合としてデザインされる「場」（1986-92の項でのウルフ邸についての言及参照）そのものなのである。

グラヴンダーはこう説明する。「エットレと仕事をするときは、いつもそこにかかわる人々の内部での慣れ親しんだ生活の道筋——プライヴェイトな場合もパブリックの場合もある——を平面上にデザインすることから始まります。外側で起こること、のちに外側から見えるであろうことは、内側から生み出される「出来ごと」なのです」。

これは建築の外部を包む構造体は自立した殻ではなく、内部の生きた機能の鼓動に呼応する形で存在すると言うにひとしい。つまり「真の」建築は抽象的な形の追求ではなく、内部のデザインにこそ存在するのである。

デザインに対するより広いアプローチの可能性を宣伝し例示しなければならないという思いから必然的に視覚に強く訴えるものを狙ったメンフィスの時代に始まって、ソットサス・アソシエイツはしだいにその反対の方向へと向っていくように見える。プロジェクトの硬かった部分は軟らげられ、複雑な内部の変動、「ソフトウエア」、息づかいのごときもののみを表面に残してほとんど消えさろうとしている。建築は流動的で形を定めぬ玉虫色の存在となり、事象のひっきりなしの変貌にすんなりと乗りかかる形で内部からデザインされるのである。

この融通性はおそらくマイク・ライアンが考えるように、彼がこの組織の「形式ばらなさ」と呼ぶものの賜物であろう。「昔にくらべて親密さは減りましたが、代ってずっと自然になりました」とライアンは言う。「私たちの形式ばらなさは珍しいほどのものです。私たちはこの形式ばらなさをクライアントにも投影するようにしています。私たちは失礼とは思いながらもあらゆる機会を通してクライアントをこれに捲き込もうと試みているのです」。その結果、プロジェクトはまれに見る深さと透明さをそなえるに到ったのである。

ソットサス・アソシエイツのメンバーに限って言えば、流行はすべて過去のものである。デコンストラクティヴィスムやデマテリアリゼイションは終った。表面やヴォリュームを形態として破壊するのは不必要だし、おそらくかえって俗悪になるだけだろう。表面とヴォリュームはおのずと断片化され非物質化されるのだ。それは宇宙の定めに従ってさらに細分され、私たちの生活と存在の神秘的な核として見え隠れするのである。

建築：構成におけるヒューマニズム

アンドレア・ブランジ

デザイナーが建築を進めるやりかたといわゆる伝統的な建築家の仕事の進め方のあいだには根本的な違いがある。この違いは方法論というよりはむしろ哲学にある。伝統的な建築家は建物の統一という考えから出発する。すなわちその建築の組立てに統一と彼の修練の跡が映し出されるという確信から出発する訳である。言い換えればヨーロッパの建築の多くをいまなお支配している表現形式は、機構学の世界に属しているのである。マッスの回転、ヴォリュームのアーティキュレイション、異なるパーツのアッサンブラージュがつねに構造の統一を保証──これはまさに機械である──し、またその表現と機能上の価値も保証しなければならない。この現象学的な認識は、既存の表現形式の内部では個別の経験がつねに再現可能なことを保証している。

それゆえこれは、その歴史的生命を自覚し、その論理が文学的、隠喩的、寓意的な形で、不安、価値、謎を装うドキュメントとして自らを表わす建築のタイプである。私たちはデコンストラクティビスムがいまどうなっているかを見なければならない。この運動はダニエル・リーベンスキントが、建築は今日のメトロポリスにはまったくふさわしくなく（アーキズームの「ノンストップシティ」を見よ）、また今日の相互に繋がったネットワークの非限定の空間にも適合しないと考えたときに始まり、何でも造れる純粋で単純な様式が誕生した。それは一種の「インターナショナル」アシンメトリーをかたちづくり、未来派名残りのしるしの付いた変わり映えしないがもっともらしいメタファーによって、論理とデザインの構造破壊を行ったのである。デコンストラクティヴィスムは実際、伝統的なアカデミーの保守派連中に受け入れられている。というのも現在西欧全体を通して深刻な認識論上の危機にあるなかで、この単純なアシンメトリーはオーダーの修練としての建築を確認してくれるからである。

しかしこれとは異なるアプローチによる異なるデザインの方法があり、それは1990年代のさまざまなデザインプロジェクトやその展開に見ることが出来る。その違いは、これまで行われて来、工学を意味論や機能性と結び付けてきた修練の全体がもはや顧みられないということにある。

世の中には歴史から受け継がれてきた文化的な区分があり、それがまた私たちにいまも建築、技術、デザインといった区分を認めさせているが、いまやこういった考え方がずっと広いオープンな世界に道を譲りつつある。その世界では下位上位といったことやスケールを問題にせず、エネルギーや魅力のさまざまなありかたに従って思い思いの方向に旅していけるのである。

このタイプの活動はもはや2つか3つの異なる修練を取り合わせるといったたぐいのものではない。むしろそれは人間が造り出した世界を変革し革新する力としての表現を建築家に求めるデザインコンセプトである。

今日手にすることの出来る技術は、ひとつの大聖堂——それ自体としては歴史のなかに価値を持つイコンだが——をかたちづくるパーツといったものではない。それはチャンスに従いそれを支えるが、けっして何かを樹ち立てるということははない群であり拡散する流れである。こうして大都市は建物から成り立つことなく、場、チャンス（かりそめのもの）、関係、表面、流れ転移するパーツの複合体を記述する色彩によって造られることになる。大都市はけっして自らを永遠の形態とみなすことはなく、それはつねに可能性に向ってひらいた存在としてとどまる。建築ももはやパワーあふれる力学の時代に属するのをやめ、電子工学のひ弱なエネルギーに属することとなる。それは辛うじて定義できるような機能性、まったくのフィクション、偉大な合理的才能を束ねることによって作動するのである。

こうした見方は率直でしかもきわめて新しい仮説から生まれる。そうした建築はもはや存在しないが、建築家のみは存在するという仮説である。

エルンスト・ゴンブリッチが言うように、「芸術なんてものは無い。芸術家が居るだけだ」。この建築デザインに対する新しいアプローチは、新しい千年紀の一般の大都市を充たすミクロのシステムに基盤をおいている。そうした大都市は全体としての確実性を欠き、日々の自由で脆弱で不完全な不確かさによって動いているのである。

こうした解放された状態は、時代の高貴な証人として存在しつづける伝統的な建築の生き残りにとっては重大な障害である。しかしそれは代わりに完全にこの時代に属する別のタイプの建築を生むのである。

エットレ・ソットサスとソットサス・アソシエイツの建築はこの第2の世界に属し、その内部にあって明確な極となっている。私はこの極性をもってジオット風と呼ぼうと思うが、その始まりは1950年代の遅くにソットサスが展開したきわめてオリジナリティが高く安定性に満ちた形の論理にあり、彼は以来ずっとこれを保ちつつ、たえずそれを改良し進展させヴァリエーションを造ってきた。

私はしばしばどこからこの論理が出てくるのか、どこからその並外れたパワーを得ることが出来るのか、形態が把握される過程でこのデザイン手法は実際にどんな意味を持つのかと考える。

その歴史的なルーツは間違い無く、単純な形態——円筒、球、平面、直線——のアッサンブラージュによって組み立てられるヨーロッパのネオプラスティックの文化にある。この基礎の上に、元素的な、ほとんどユングの元型のごときものを求めるこれとは矛盾したムードが働くが、それはエットレが東洋、インド、日本の文化の経験から取り込んだものであり、また彼のオーストリアの根に特有の表現主義者の周縁に由来するものである。オーストリアはつねにヨーロッパの東方への門であり続けて来たし、この矛盾が現実には対立する二者を統一させるのである。

エットレのデザインへのアプローチはすべてここから生まれる。それは形態の法則には従わず、その代わりに自律的な形態要素のアッサンブラージュが行われる。それは彼が逆説的で反語的で冒瀆的な原理の結果と見えるオブジェや建築を把えるまで続けられるのである。そこに生まれるのは確固として力強く明確に認識されたものだが、けっしてモニュメンタルではない。もし何かと言うならば、それは大衆文化の記号に似ており、またインドの寺院、ウォルト・ディズニーのもの、それに前にも言ったようにジォットの作品に似ているのだ。ジォットのフレスコ画ではオブジェと建築のあいだに実際に何の違いも無い。彼の建物はヒューマンな風景の中での一要素であり、物語、それも人間の物語のなかの登場人物とまったく同じ言語で表現されているのである。

ソットサスの原理はそのスタイルのみからも明らかにそれと見分けがつくが、しかし彼の作品にはもっと複雑な動機と努力がある。私はそれを構成的ヒューマニズムと呼びたいのだ。

このアプローチはエットレがつねにその作品の根幹としているある確信から生まれる。彼はユーザーと人間が造り出した世界とのあいだに存在する広大な関係面が形態上の応答をするべきだと確信している。それは構造上の原型、装飾、視覚サイン、論理を働かせるシステムに対する不満の声に応えなければならないのだ。このゆえに彼のオブジェや建築は、表情ゆたかな表面や認識しやすい形態をもって造られるのである。実際、それらは何のひっかかりもなくオフジェから建築までひとつづきに繋がる形象デザインという広い概念で捉えられるべきものであろう。

この種のデザインの方法は、様式として捉えられるべきものではなく、組み上げられた世界の形の質という重要な論点に対する応答として考えられるべきものである。これは些細なことではない。実際、ある意味では、この問題は私たちの社会の発展の全過程、あるいは進化したテクノロジーの世界における人間の人類学的な等価物をどう見るかにかかわってくる事柄である。人間の造り出した世界の形の質は、歴史の中の随意的な部分ではない。それはもはや識別力を持ったごく少数の人々の関心事ではなく、広い世界に重要な社会的な問題として現れるのである。世界の形の質は、私たちの工業のシステムが形としてより良い世界を造るのか、あるいは失敗する運命にあるのかという事柄にかかわる政治的な大問題なのである。

最近の社会主義国の崩壊もまたこれを証しするものである。すなわち社会的には正しい（と考えられていた）が美的には不充分（いまわしいとは言わない）な世界を造るのは良くない考えである。それは究極的には文化的な拒絶、さらにはひとしく政治的な拒絶を生むからである。

西欧の道徳や美学は人間が直面する論理的な問題の中では小さな部分を占めるに過ぎず、その救済は事物ではなく他のところ、すなわち天の王国にあると教える。古代の日本はこれとは逆に真反対のことを考えていた。道徳はもっと大きな美学の中のごく一部であるに過ぎず、宗教人のつとめは世界をより良く構築することであると。エットレもまたこの見解に立っている。

今日の世界はその代わりに各々がそれぞれの運命を持つ2つに分かれた空間領域の形成へと向かっているようだ。ひとつは市場の空間、歴史、暴力、俗悪な事物からなるものである。それはもはや質によってではなく秩序と運命が完全に崩壊したがゆえの複雑さを放置したままにそのなかに漂うことを運命づけられた世界であり、そこではばらばらになった部分のみしかデザイン出来ない状態になっている。

このいっぽうにはヴァーチャルな空間、非物質化、ハイクォリティのサービスの電子工学の領域がある。そこではデザインが何ら障害も妨げもなく、すべてが論理で抽象的なゲームである電子工学の空間を治めている。まさに歴史から隔絶した理想都市である。

これら2つの世界のあいだに存在する筈（部分的にはすでに存在している）の境目に直面すると、そこでは前者の形の質が実際的でないがゆえに存在し得ず、また後者についてもそれを確かめることが出来ないゆえにこれまた用いることが出来ず、こうして人類学的な身元確認のシステムの探求がドラマティックとも見える熟考のテーマとなる。

それゆえエットレの仕事の中では、電気器具、いす、大建築のあいだの区別が永遠に欠落している。それら時代遅れのカテゴリーは、次々に生み出される分かりやすく親しみやすく詩的な記号の中へと溶かし込まれていき、それを造り出した機械ではなく人間の論理が優先される形而上の宇宙へと到るのである。この宇宙の構成的なヒューマニズムこそ、そのなかで人間が、人工の環境が、そして自然（世界）が美を通して救済されるものである。

ユーコ邸、日本　1992-93

デザイン：エットレ・ソットサス、ジョアンナ・グラヴンダー
現地建築家：K3研究所

この2階建の住宅の1階はオフィス兼ショールームとなっている。この部分の外装は黒の花崗石で、そこに連続窓がとられている。これが支えるコンクリートのスラブの上に小さな中庭をはさんで上階の2つのブロックが載っている。ピンクのタイルに包まれた主たるブロックには、ゲストルーム、厨房、ダイニングがおさめられており、さらにその上階には寝室がある。

もうひとつのブロックはリビングであり、白のプラスター仕上げの壁に銀色のメタルの屋根が架かっている。同じく銀色に塗られた家具ユニットが、リビングの内部から外部へと突き出して、そのまま建物の一部を形成している。

現代家具博物館展示室、ラヴェンナ、イタリア 1992-93

デザイン：エットレ・ソットサス、ジョアンナ・グラヴンダー
担当建築家：フェデリカ・バルビエーロ
現地建築家：アゴラs.n.c

この展示室はラヴェンナの郊外にある現代家具博物館のアネックスであり、延面積は650m²である。デザインの中心となしているのは樹木の植わった中庭であり、三方を青く塗ったコンクリートブロックの柱廊で囲まれているが、残るいっぽうのみはプレファブのエレメントを用いた工業的なイメージの造りになっていて、ガラスモザイックでおおわれたファサードが展示室の入口のサインになっている。増築部分は1階レベルでは屋根のある通路で連結されており、2階レベルでは箱型のブリッジで繋がれている。連続した天窓からは拡散された均質な光が室内に降り注ぐ。

紹興のゴルフクラブ、中国　1994-96

デザイン：エットレ・ソットサス、ジョアンナ・グラヴンダー

延4,000m²におよぶこの複合建築は、ゴルフクラブ、室内ジム、3つのレストラン、12室の小さなホテルを擁している。デザインにあたっては、材料、工法、色彩などのすべてにわたって伝統に依拠することが重視された。エントランス、バー、オフィスを含む主棟は伝統的な緑釉の瓦を葺きダークグリーンのタイルを貼った大きな円柱が屋根を支えるオープンスペースとなっている。黄色のタイルを貼った第 2の棟にはレストランとジムがあり、シャワー室、サウナ、マッサージルームが付属している。すぐ近くにはホテルとゴルフ場のカートのガレージ棟があり、この棟は赤とベージュの煉瓦を外装としていて、庭やパティオ、柱廊などで中央の 2 棟に繋がっている。さらにこれらすべての棟は緑色の煉瓦を貼った柱廊がかたちづくる基台の上に載っており、その上面の広大なテラスによってこの複合体のどの部分にもアプローチ出来るようになっている。

ビショーフベルガー邸、チューリッヒ、スイス 1991-96

デザイン:エットレ・ソットサス、ジョアンナ・グラヴンダー
担当建築家:ジャンルイジ・ムッティ

画廊のオーナーとその家族のためのこの 400m²の住宅は、チューリッヒ湖を見下ろす丘陵に建っている。ここにはかつて伝統的な農家が建っていた。3階建の主棟

には大きなリビング兼ギャラリー、ダイニング、厨房、ゲストルーム、図書室、2つの大きな寝室がある。この棟にすぐ近接する第2の棟にはガレージがとられている。建物の外装は2つの棟ともすべてスレートだが、主玄関まわりのみはイストリア石で仕上げられている。

グリア邸、ロンドン、イギリス　1993-94

デザイン：エットレ・ソットサス、ジョアンナ・グラヴンダー
担当建築家：フェデリカ・バルビエーロ
現地建築家：ゲリー・テーラー

これはロンドンにある18世紀の住居のまったくの改装である。デザインはリビング、ダイニング、玄関、図書室、書斎、階段室から付属する庭にまで及んだ。床はレッドオーク、壁と天井はプラスター仕上げである。

ゲッラ邸、ローマ、イタリア　1993-94

デザイン：エットレ・ソットサス
協力：ジャンルイジ・ムッティ、ジョージ・スコット

これはローマのテアトロ・マルチェッロに面する歴史的な建物の一部を住居に改修したものである。この住戸は3層からなり、道路から直接アプローチ出来る玄関と厨房が1階にある。2階と3階は似たような造りで、ともにリビングと書斎としても使える寝室とがある。個々のスペースがそれぞれ変化に富むいっぽうで、この家のすべての壁には天井の際からオーク材の床面まで全面にウォールナットのパネルが通して用いられており、これによって統一感が生み出されている。このパネルには各所で抽出しやドアが造り込まれており、また住宅内のいろいろな設備類のほとんどもこの中に隠されている。

マローネ・セメント会社のオフィス、ミラノ、イタリア　1993

デザイン:エットレ・ソットサス、ジョアンナ・グラウンダー
協力:パオロ・デ・ルッキ

これはミラノにあるセメント会社のオフィスであり、大きなリセプション・スペース、3つの執務室、会議室、それにサービス部分からなっている。中央部分は小さな広場のように構想されており、それに向けてマネージャーたちの執務室群が戸口をひらいている。共通部分の床は大柄の花文様をプリントしたイギリス製のカーペットである。

クルーザー「アマゾン・エキスプレス」 1994-95

デザイン:エットレ・ソットサス、マルコ・ザニーニ
船舶設計家:エスペン・イーノ
協力:ジャンルイジ・ムッティ

「アマゾン・エキスプレス」は全長67mの外洋航行の機能をそなえた個人所有のクルーザーである。元来は1996年、ヴェネツィアの造船所で遠洋漁業用の漁船として造られたもので、1984年、ノルウェーにおいてクルーザーに改造され、さらに今回、1994年、ヴェネツィアの造船所で再度、改装されたものである。このクルーザーでは10人の人間が快適に生活出来る。船舶設計家エスペン・イーノの構想は、この船の上部構造を大幅に手直しし、さらに室内のほとんどを造り直すものであった。色彩計画と全体的なイメージにおいては、調査船風の雰囲気のなかにあそびの船のイメージが漂うことが目された。

カッシーナ社の家具　1994

デザイン：エットレ・ソットサス、マルコ・ザニーニ
協力：リチャード・アイザーマン

キャンドル社のズームランプ　1994

デザイン：エットレ・ソットサス、ジェームズ・アーヴィン
協力：リッカルド・フォルティ

フォンタナ・アルテ社の家具　1992

デザイン：エットレ・ソットサス、マルコ・スザーニ

カルデウェイ社の浴槽　1995-98

デザイン：エットレ・ソットサス、ジェームズ・アーヴィン
デザインチーム：リッカルド・フォルティ、ジャンルク・ジョルダーノ、キャサリン・ローレンツ
イラスト：バルバラ・フォルン

アソシエイツは鋳物の浴槽およびシャワーユニットの生産ではヨーロッパのトップメーカーであるカルデウェイ社と協同して、その製品のデザインを刷新し浴室の備品に新鮮な文化的感覚を与えることを試みた。

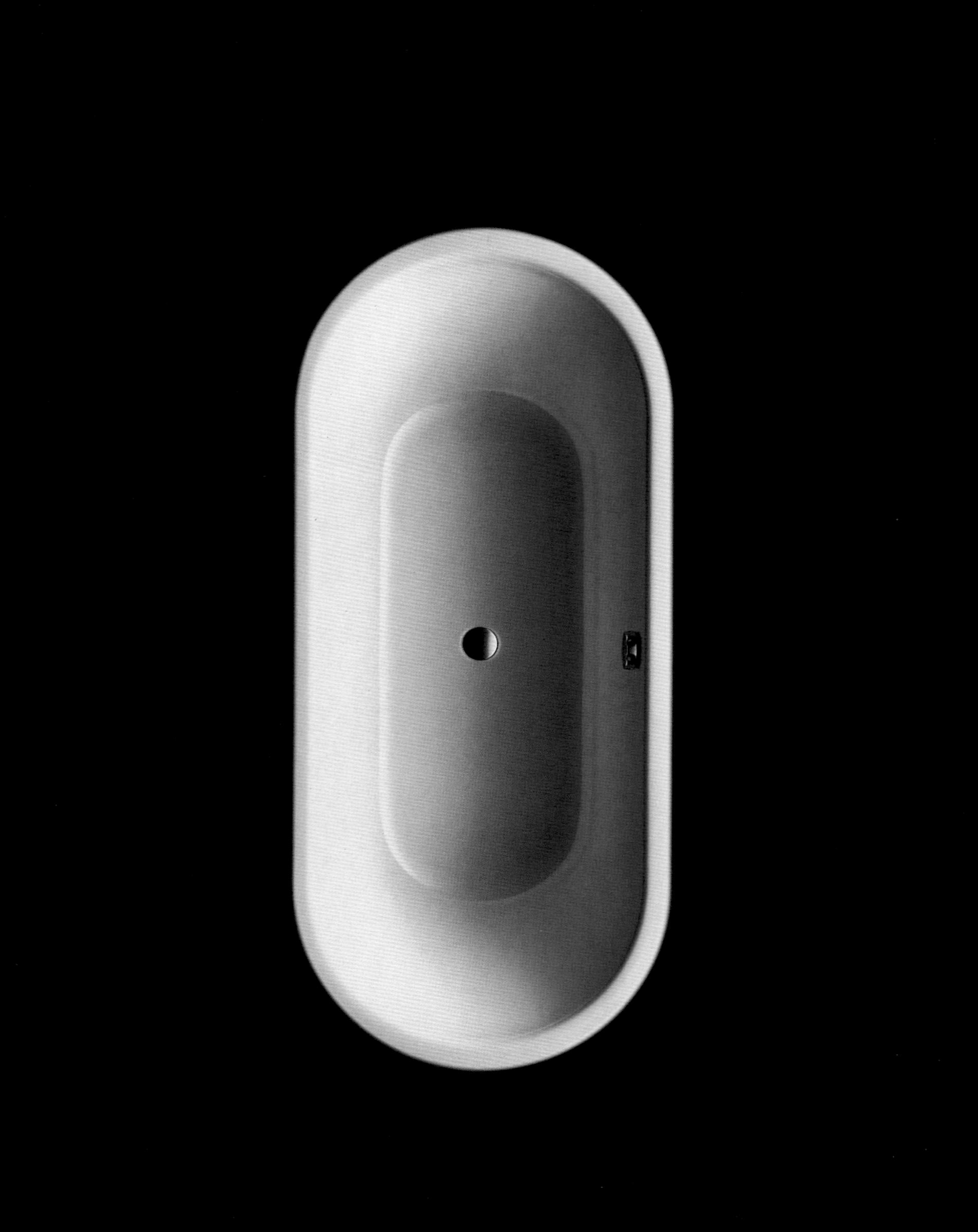

ザノッタ社の家具　1994

デザイン：エットレ・ソットサス、マルコ・ザニーニ
協力：リチャード・アイザーマン
装飾：マリオ・ミリツィア、バルバラ・フォルニ

ICF社のオフィスの家具　1998

デザイン：エットレ・ソットサス、ジェームズ・アーヴィン
協力：カタリーナ・ロレンツ、ファビオ・アッヅリーナ

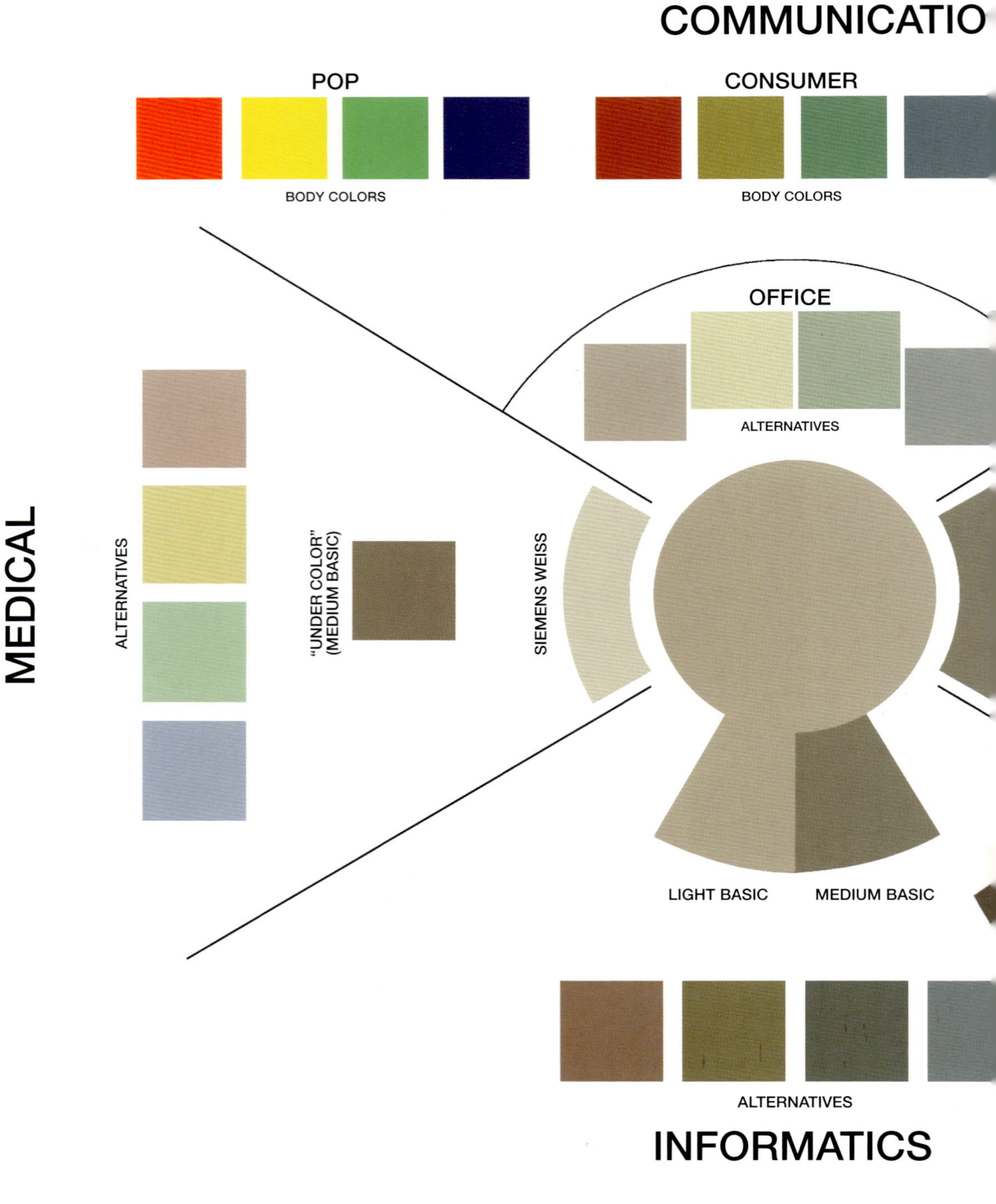
COMMUNICATIO
POP
BODY COLORS
CONSUMER
BODY COLORS
OFFICE
ALTERNATIVES
MEDICAL
ALTERNATIVES
"UNDER COLOR"
(MEDIUM BASIC)
SIEMENS WEISS
LIGHT BASIC
MEDIUM BASIC
ALTERNATIVES
INFORMATICS

シーメンス社製品の色彩計画
1995

デザイン:エットレ・ソットサス、ジェームズ・アーヴィン
協力:クリスティーナ・ディ・カルロ

これはシーメンス社のハイテク製品に用いる新しい色彩のスタディである。日常の環境にあたたかく親しみやすいものを求める今日の傾向を考慮し、製品の4つのジャンル——工業、コミュニケーション、コンピュータ工学、医学——の何れに属するかがすぐ分かるように色調が択ばれた。

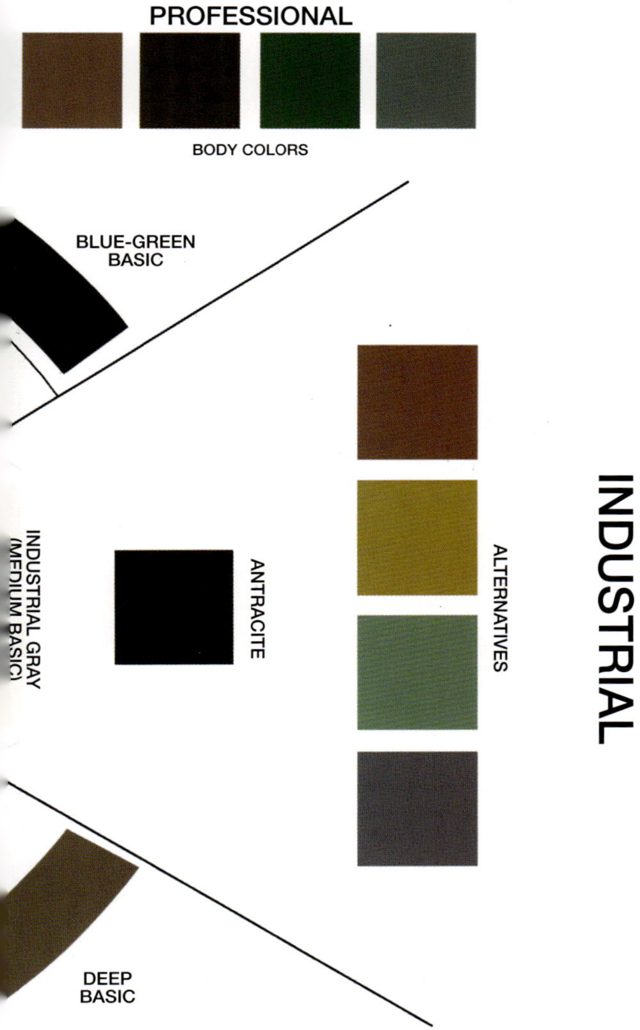

書籍「色についてのノート」のグラフィックデザイン、アベット・ラミナーティ社　1994（デザイン：マリオ・ミリツィア）

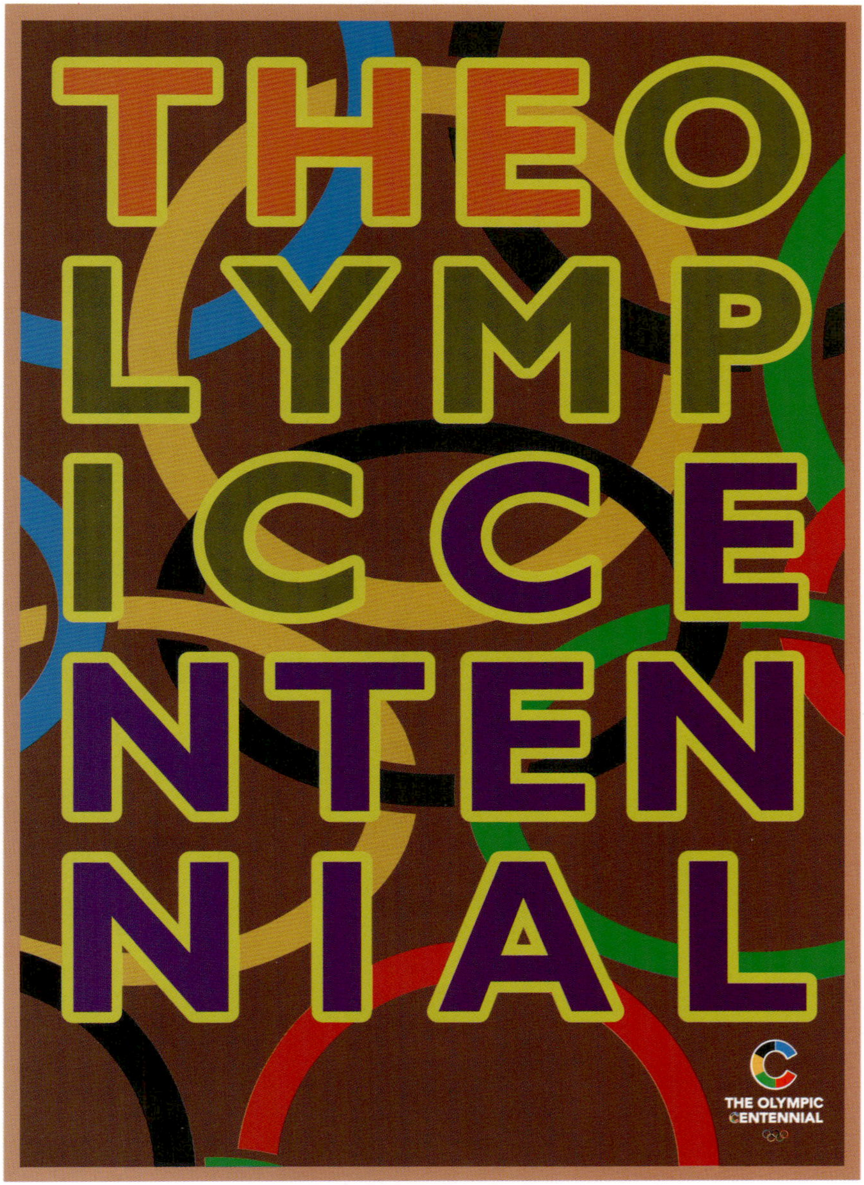

オリンピック100年記念ポスター　1995（デザイン：マリオ・ミリツィア）

「エットレ・ソットサス展」ポスター、ジョルジュ・ポンピドゥー・センター、パリ　1994（デザイン：マリオ・ミリツィア）

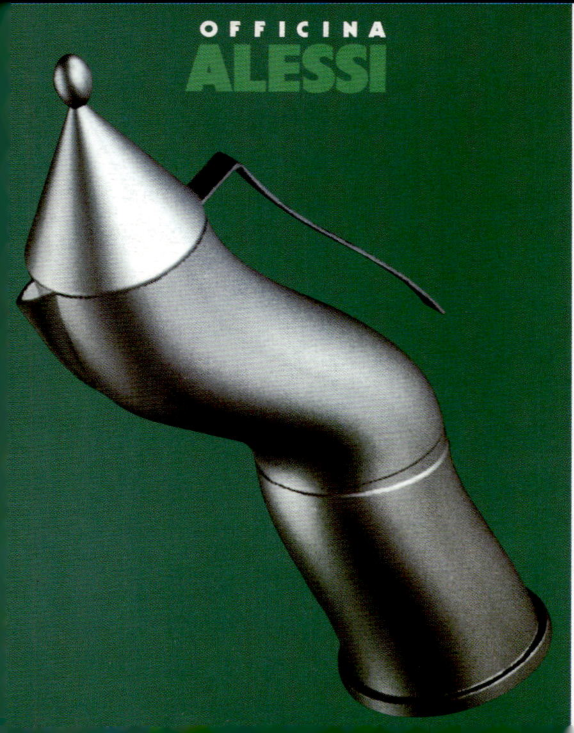

アレッシ社の CI　1983-98

デザイン:クリストフ・ラドル、マリオ・ミリツィア、アンナ・ワグナー、ヴァレンティナ・グレゴ、コスタンツァ・メッリ

1983年以来、アソシエイツは、カタログ、パッケージ、写真によるプレゼンテーションのアートディレクション、新しいトレードマークなどを含むアレッシ社の新しいCIを担当している。

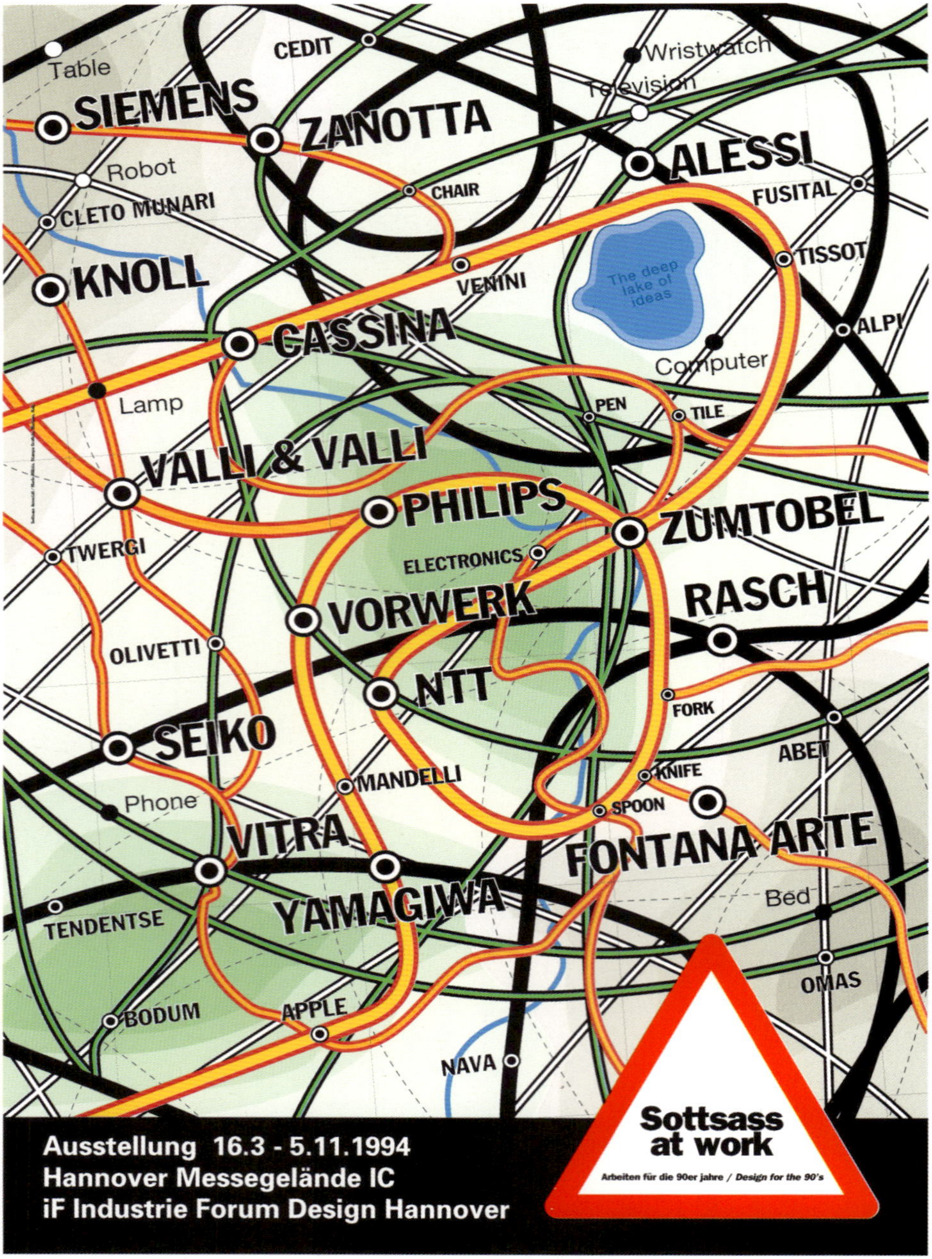

「ソットサス・アットワーク」展ポスター、IFインダストリアル・フォーラム・デザイン、
ハノーヴァー、ドイツ　1994（デザイン：マリオ・ミリツィア）

内田洋行社のペーパーバッグ　1993（デザイン：マリオ・ミリツィア）

ソウル空港地域再開発計画、ソウル、韓国
1995

デザイン：エットレ・ソットサス、マルコ・ザニーニ、ジョアンナ・グラヴンダー
協力：アリヴァー・ライセカ、エレーナ・クトロ

このソウル新国際空港に隣接する地域の開発計画は、3つの山がちの島、主として空港に充てられる2つの大きな島のあいだの埋立地、それに本土および仁川市とを結ぶ連絡路を対象としている。この開発の主たる目的は空港で働く10万人以上の人々のほとんどを収容する住宅および空港関連機能の整備にある。しかし郭教授の当初の構想は、北東アジア全体の経済および文化面での核となるような、それ自体ある程度自立した都市

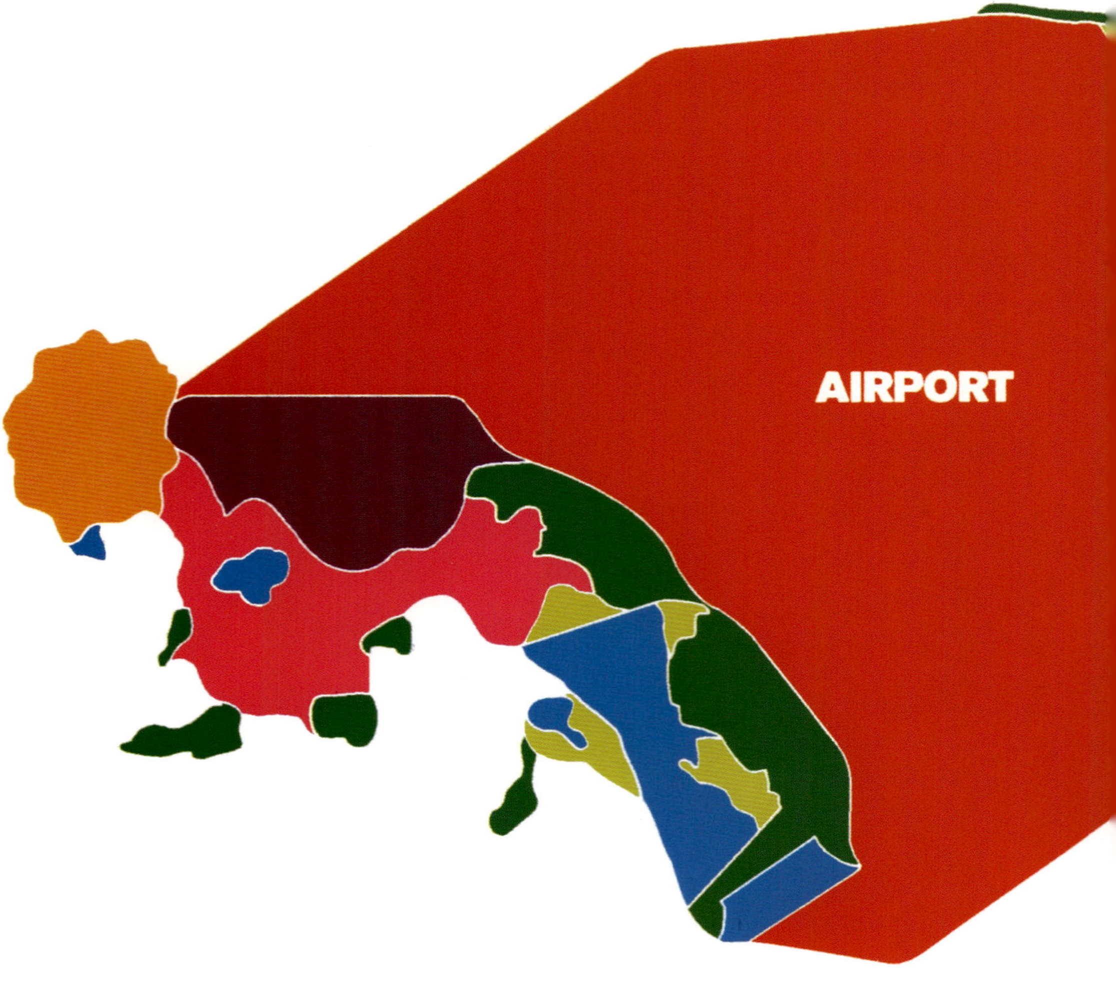

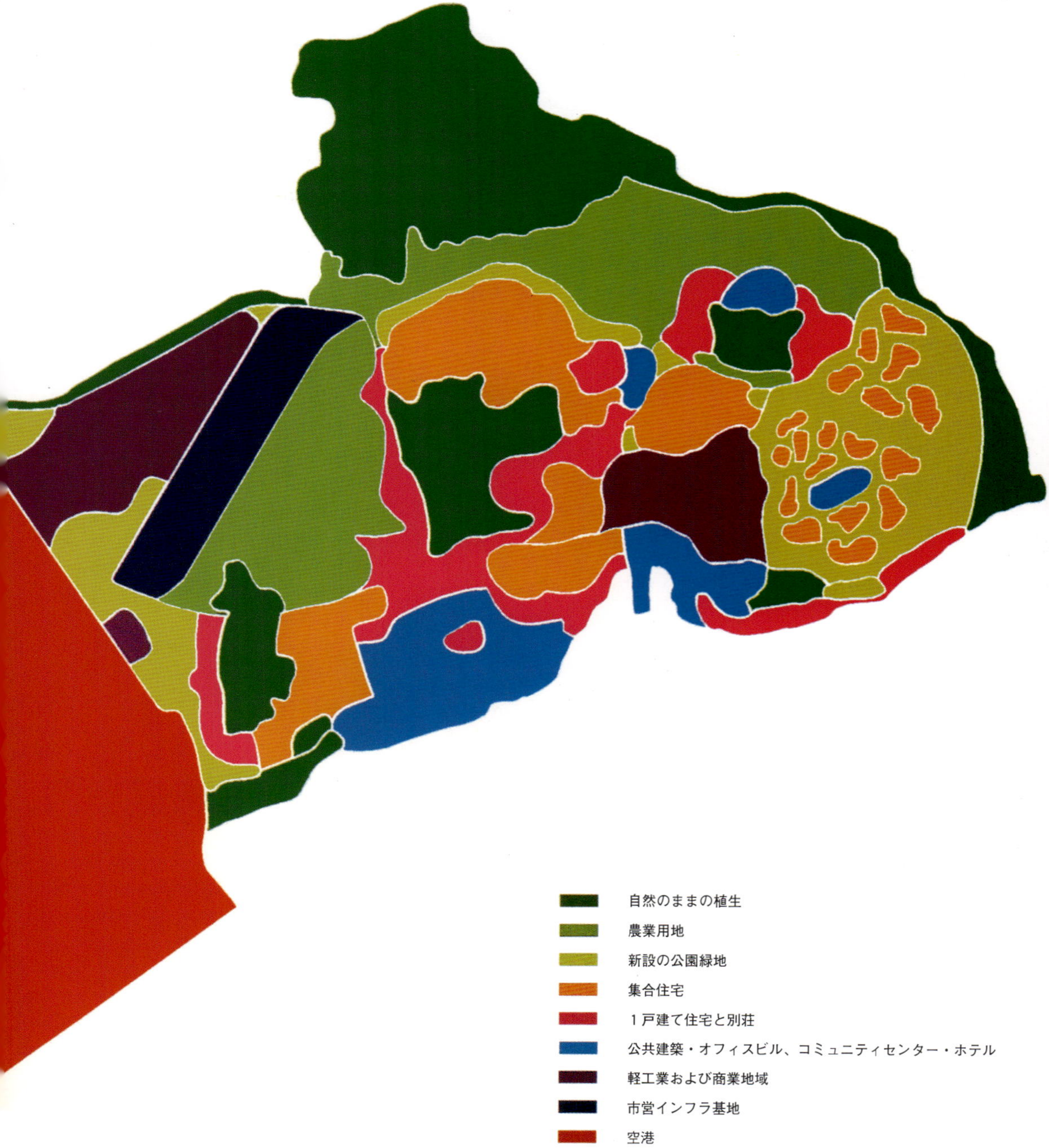
自然のままの植生
農業用地
新設の公園緑地
集合住宅
1戸建て住宅と別荘
公共建築・オフィスビル、コミュニティセンター・ホテル
軽工業および商業地域
市営インフラ基地
空港

を造ることにあった。

アソシエイツはこのプロジェクトにあたって、たんに一連のデザインを示すだけでなく、まずはこの地区の社会的、政治的、経済的な状況に起こりうべき変化に充分対処出来、それでいて全体をつらぬく論理の明快さを保てるような方法を確立しようとした。

この計画は高度な分散型の都市を目指しており、住宅、ビジネス、工場、サービス施設が山がちの自然の風景と調和し、高い質の生活が営めるようになっている。都市内および都市間の交通システムでは公共的なものが優先され、環境への影響が大きくならないようおさえられている。この計画がもっとも腐心したのは人口とその都市及び地区に対する関係で、ここでは車に依存するアメリカの都市ではなく、ヨーロッパやア

ジア型のものに基いて考えられている。

アソシエイツがデザインに添えて提出した報告書は、この計画を理解するうえで重要なものである。そこでは文化を志向する新都市のデザインに不可欠のさまざまな問題が扱われている。たとえばまず強い政治的緊張のある地域にさまざまな要素が自由に入り込んで来るマルチカルチュアの核を造るという政治社会学上の挑戦の問題。次にたぐいまれな自然環境と調和する魅力的で住みよい都市を建設するという純粋に美的で論理的な命題などである。

こうしてこのプロジェクトは、都市計画の新しい方向、都市計画に対する従来と異なる文化的アプローチの成否についての生産的だが結論の出る迄に時間のかかる議論を提起している。

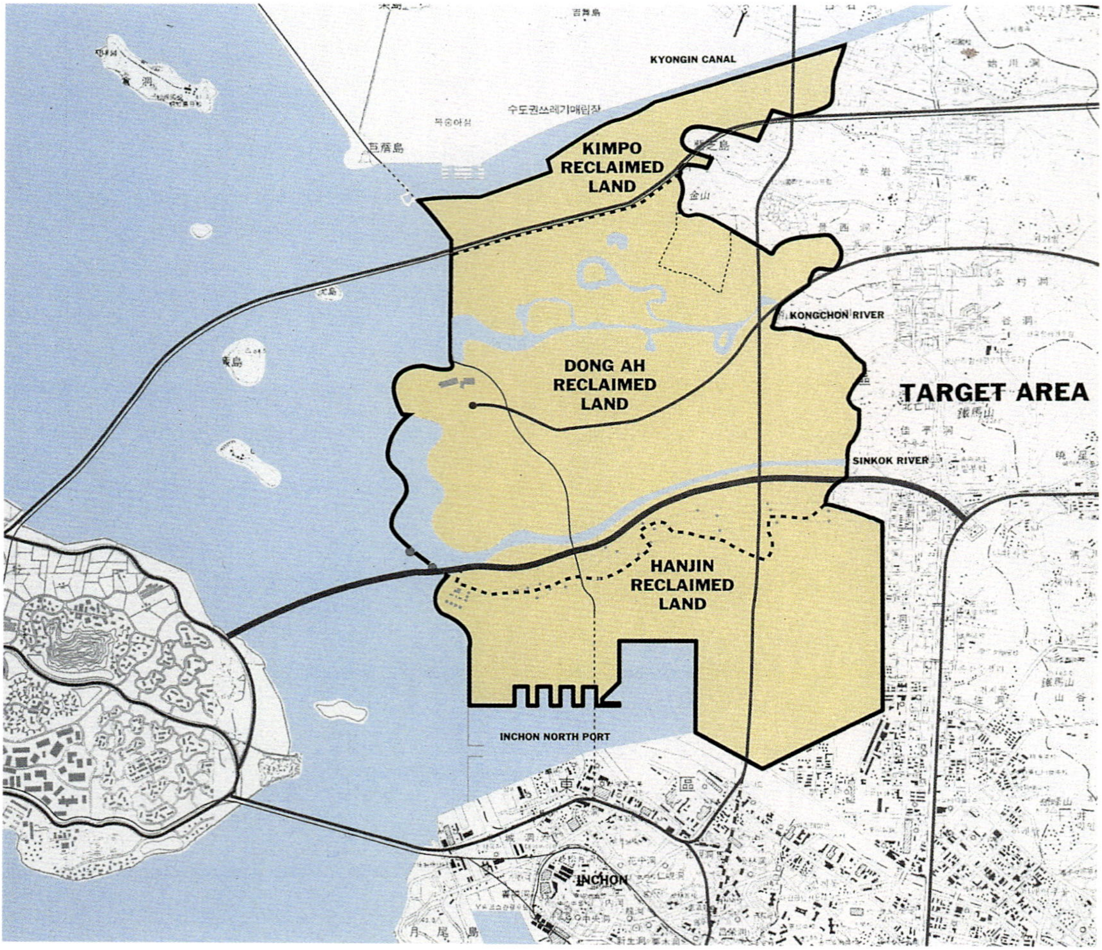

市域拡張計画、仁川、韓国　1996

デザイン：エットレ・ソットサス、マルコ・ザニーニ、マイク・ライアン
コーディネート：ミルコ・カルボーニ
協力：フラビア・アルヴェス・ド・スーサ、ブルーナ・ニョッキ、ニヴン・ゾリシック

首都ソウルから約30ｋｍの仁川市近郊の4,500エーカーの更地がこの計画の対象である。この地区はいくつもの堰堤を築いて黄海沿岸の水深の浅い部分を排水することで造成される。

この市域の拡張においては10万人の居住が考えられている。提示された計画には住居地域だけでなく、公共サービス施設、レジャー施設、工業地区、新設の商業港、それに近接する国際空港、仁川市、ソウル市などとを結ぶ地上及び地下のさまざまな交通機関及び道路が含まれている。

수도권쓰레기매립장
목숭아심
巨詹島
龍之島
金山
黔岩洞
景西洞
東
區

プレファブ鉄骨構造のプロジェクト　1995

デザイン：エットレ・ソットサス、マルコ・ザニーニ、マイク・ライアン
協力：ジャンルイジ・ムッティ、オリヴァー・レイセカ、ニーベン・ゾリチック
コーディネート：ミルコ・カルボーニ
プロジェクト・マネージャー：C.S.M.ローマ
技術：C.R.E.A.ローマ

このヨーロッパ経済機構が企画し出資したプロジェクトは、都市内の建設におけるスティールの利用についての新しい解決を求めるものである。さらに言えばこれは仮設的な建物についてのものであり、2つの構造システムが案出され、これらをあわせ用いることで、公園、見本市、工業跡地、自然災害の被災地などに一連のプレファブ型の鉄骨構造を仮設建物として建設する必要に応えるようになっている。

第一のタイプから生まれる原型からは、小住宅、パティオ、事務所、バス停留所、新聞雑誌販売のキオスク、店舗、交番、屋根付きの市場などが出来、また、第2のタイプの構造からは、さらに複雑な建物、すなわち核家族用の集合住宅、あるいは文化センターや博物館、オーディトリアムとして用いられる多目的ホールがデザインされる。

ファン・インプ邸、セント・リーヴェンス・ウーテム、ベルギー　1996-98

デザイン：エットレ・ソットサス、ジョアンナ・グラヴンダー
担当建築家：ジャンルイジ・ムッティ
現地建築家：ロン・ヘレマンス

この700m²の住宅は現代美術を扱う画廊主のためのもので、運河沿いの広大な敷地に建ち、ベルギー中部の村のメインストリートに面している。建物は住居、ギャラリー、彫刻庭園、物理療法の専門家である夫人のアトリエから成っている。

全体はポーチやテラスのスペースが窪みを造る青を被せた大理石による主棟、運河側の白と黒の石による外装の3つのブロック、それに厨房、ガレージ、物理療法のアトリエをおさめるステンレスの肋材によるヴォールト架構の部分とから構成されている。1階はギャラリーによって2つの部分に分けられており、東側には2つのゲストルームとオーナーの書斎、西側には大きな天井の高いリビングとダイニングがとられている。2階にはそれぞれテラスの付きいた寝室が2つある。

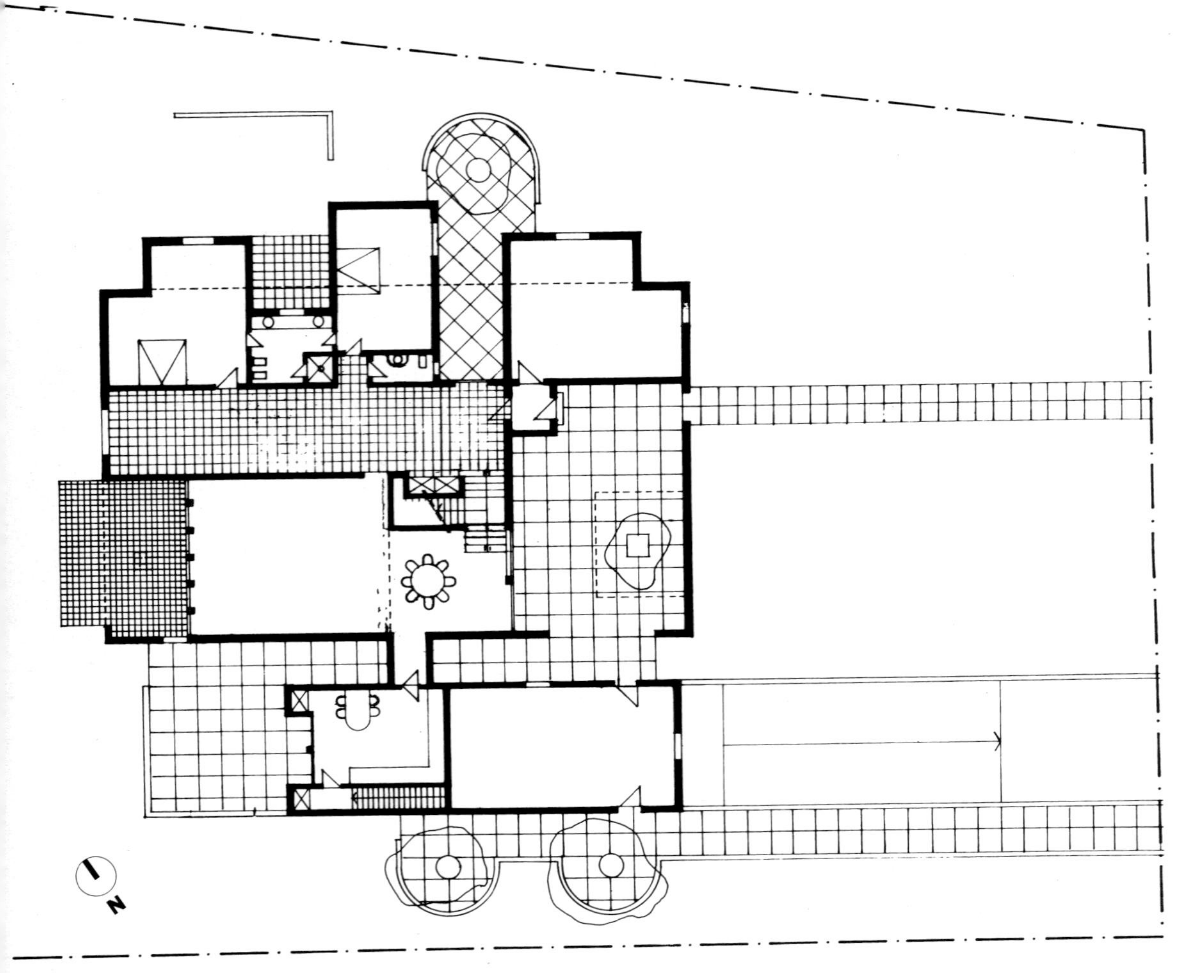

ナノン邸、ラナーケン、ベルギー　1995-98

デザイン：エットレ・ソットサス、ジョアンナ・グラヴンダー
担当建築家：オリヴァー・レイセカ
コンサルタント：ムールマン画廊
現地建築家：ノーバート・フォースター

この住宅は背の高い樹木に囲まれた広く平坦な敷地に建てられており、3つの寝室(2階)、厨房、ダイニング、リビング、書斎、それに中央の大きな中庭からなる800m²の居住部分と、ジム、サウナ、室内プールから成る部分とから構成されている。

さまざまな色、仕上げ、素材からなる部屋は、いずれもガラスの引き戸を開けて出られる青い壁の中庭の周囲に配置されている。建物は構造体それ自身というよりは構造体のあいだに生まれる道によってまとめられている。慎重に選ばれた花や樹木でいっぱいの庭は、低い壁で仕切られた複数の小さな庭を擁する形に造られている。

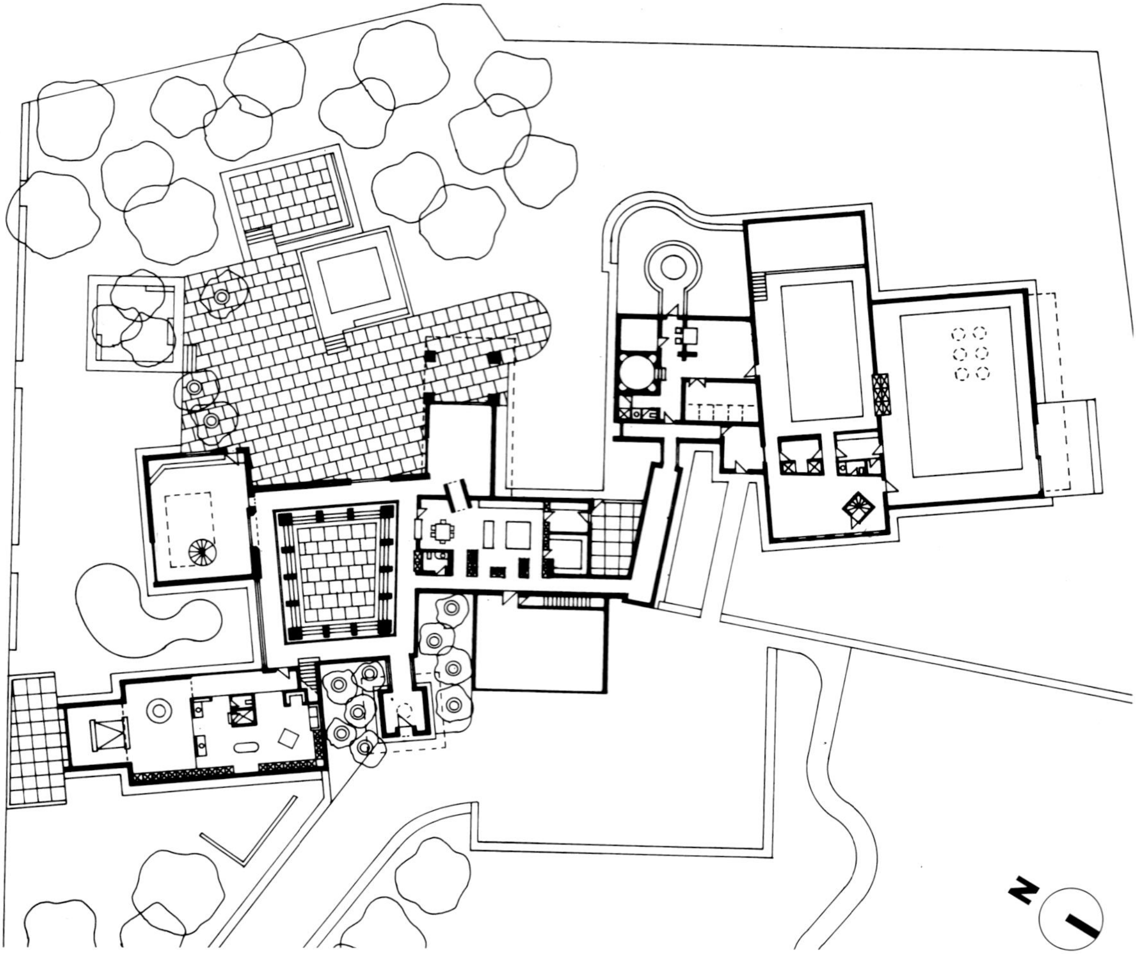

ウッドサイドの家、パーロ・アルト、カリフォルニア　1996-98

デザイン:エットレ・ソットサス、マルコ・ザニーニ
担当建築家:オリヴァー・レイセカ
現地建築家:ジョン・バートン

スタンフォード大学の教授の一家から委嘱されたこの住宅は、オーナーの趣味とライフスタイルにぴったり合わせて設計されている。全体はリビングとダイニング、主寝室と浴室、子供たちの領分、書斎、の4つの棟から構成されており、これらが中央の「温室」によって結ばれている。設計にはさらにジムとテラスのあるゲストルーム棟とガレージが含まれているが、これらは主棟から切り離されて別棟となっている。家のほとんどの部分は1階にとられており、内部と外部の連続性にとくに注意が払われている。この住宅を印象付けている材料は、煉瓦、屋根に用いられているコルゲートシート、プラスターの壁、屋根のこけら葺きである。

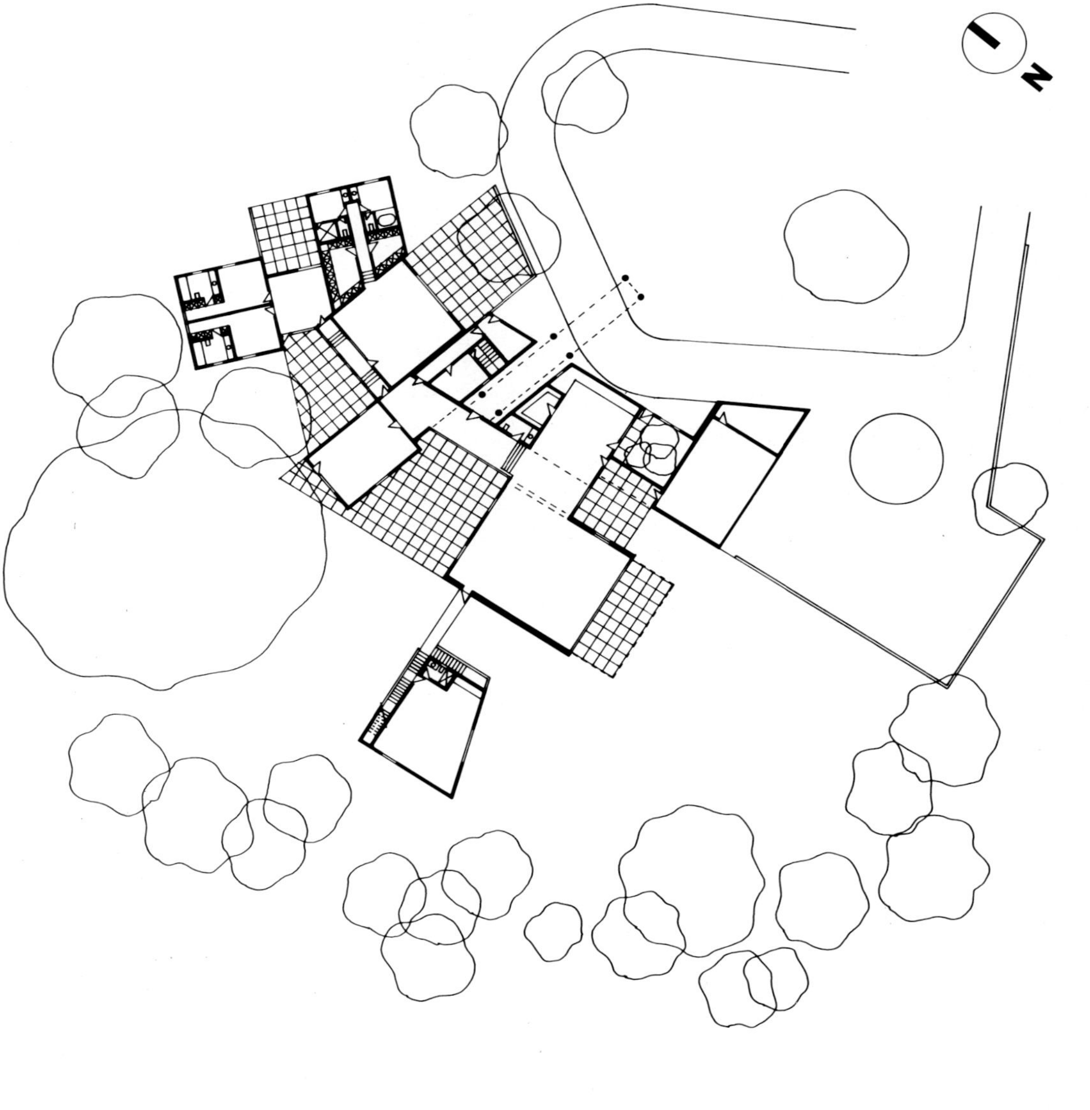

マルペンサ2000空港のインテリア、ミラノ、イタリア 1994-98

アソシエイツは今回の提案において、乗客の複雑な肉体的および心理的な欲求に応えることを最優先課題とした。公共性の表現、経済力の表現、技術の未来への夢といったことを従としたのである。

この計画では乗客にメカニズムや機械を押し付けることなく、人間の行動の「場」を創出することが目されている。すなわちインフォメーションの表示が指示でなく示唆となり、それが乗客に無理強いをするのでなく、むしろ附添い安心させるような「場」を創造することである。

オフィスではこのプロジェクトについて、しばしば「大きくてぴかぴかしないインテリアを造る」ということが語り合われた。そこでは材料や色、リズム、空間、比例が、道理をわきまえた秩序ある精神の働きとつねに変わらぬ自然の風景とに敬意を払う、古代のイタリアあるいは地中海の日常の風景をどこか思い起こさせる場が考えられていたのである。

このデザインは光る面を出来るだけ排除しているがゆえに「ぴかぴかしていない」。空間をつかもうとする眼を疲れさせかねない光の増幅や反射を生むスティールやクローム、板ガラス、磨いた大理石といった材料は極力避けられた。滑らかで磨いた堅い表面も、音を反射し増幅させるうえ、ときに強い精神的及び肉体的なストレスの原因となる。それゆえ吸音性のある磨かない石（大理石は用いない）、ひだを付けたラミネート板、吸音性のプラスターなどの材料が用いられた。

またこのデザインは電光表示板のありすぎや表示のダブリを抑えた点からも「ぴかぴかしていない」。インフォメーションの表示はそれが必要なところのみに、それもその表示がまさに「必要になる」ところにのみ限って行われている。

こうしてわれわれはデザイン上からも、またその内容の把握という点でも、混乱が起きないよう、さらにはインフォメーションをたやすく把握できるよう、表示板を充分間隔を取って配置することを主張した。すなわち表示板はすべて空港内の認識しやすい場所に設置されたのである（デザインの過程では表示の輝度を大幅におさえて光量にレベルを付けることも考えられた）。

この結果、全体はモダンだがずっと啓発的な空間を求めるものとなった。これまで地中海の風景をかたちづくってきた自然の色——化学的なものでもなく、テレビの色でもなく、かといって病院風でもない——が支える簡素で落ち着きのあるすっきりしたデザインである。

このデザインの基本原理は簡単なものである。すなわち世界のいずれの地域からの乗客に対しても、彼らがいままさにイタリアに到着したのだ、あるいはまもなくイタリアを去るのだということを、何らかの「様式」によってではなく、もっとも深遠なイタリアの美学——センス、色、静けさ、幻影、ほど良さ、さらに加えるに冒険と豊かさに潜む——の的確な使用によって知らしめることである。このミラノの新しい空港に降り立ち、またそこから出発する乗客たちは、彼らが穏やかで慎みがあり攻撃的でなくパニックに陥ることもないイタリアに在るだけでなく、人類に貢献する文化をわがものとするイタリアに、いま自らが居ることを認識するのである。

エットレ・ソットサス　1994年9月

デザイン：エットレ・ソットサス、マルコ・ザニーニ、マイク・ライアン
総合コーディネート：ミルコ・カルボーニ
インテリア協力：ニーヴン・ゾリチック、ブルーナ・ニョッキ、マッシモ・ペルトーザ
デザイン協力：リッカルド・フォルティ、カタリーナ・ロレンツ、クリスティーナ・ディ・カルロ
サイン統括：マリオ・ミリツィア
サイン協力：アントネッラ・プロヴァージ

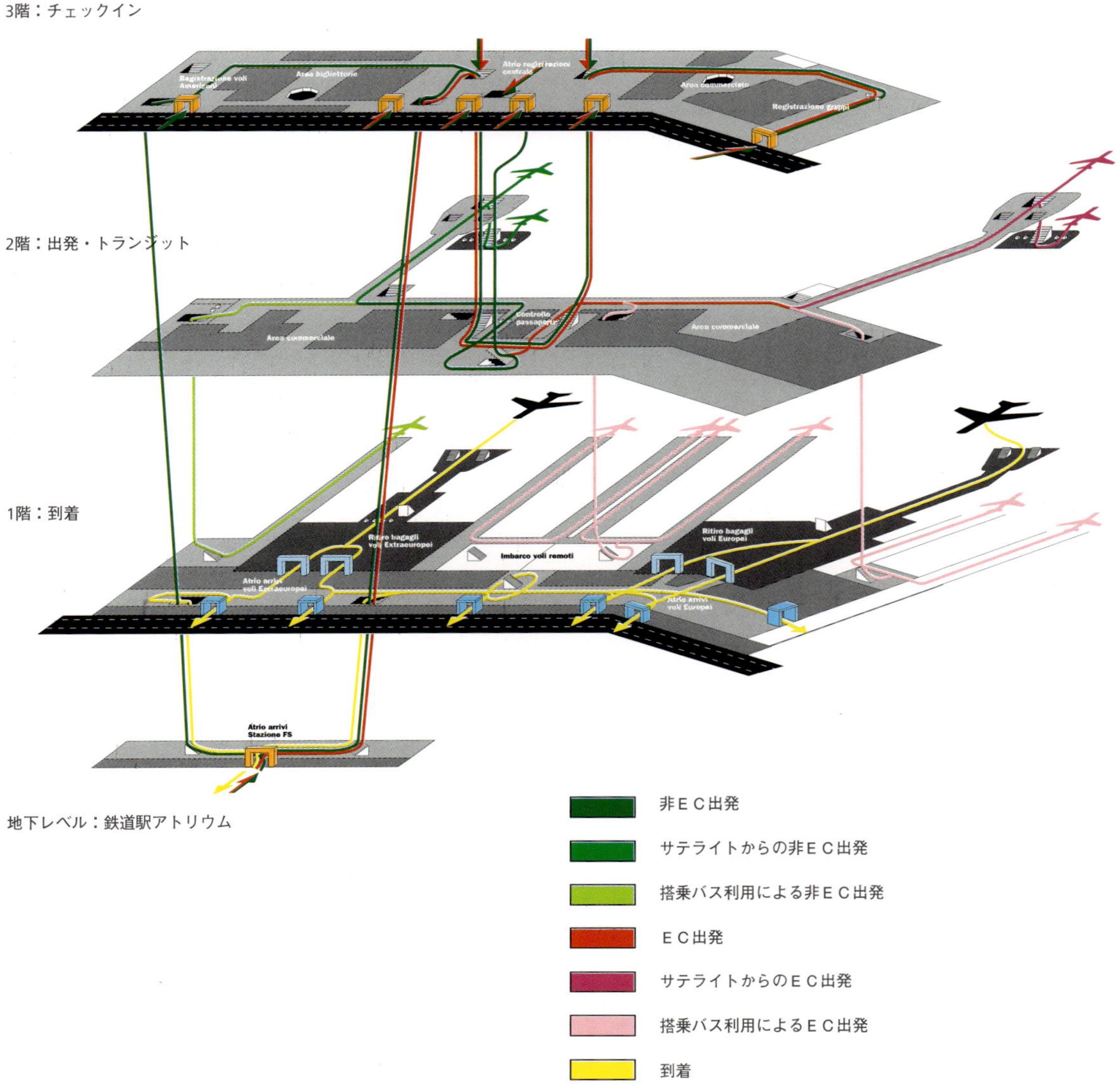

6
CHECK-IN
AREA
IMBARCHI
Gates
B

IMBARCHI
Gates
A
Alitalia
TUTTE LE DESTINAZIONI
DESTINATIONS
5
CHECK-IN AREA

CHECK-IN AREA 5-11
BIGLIETTERIE
Ticket counter
DHL
8
6
4

B
Alitalia
3
2
CHECK-IN AREA
2
CHECK-IN AREA
Alitalia
Alitalia

PARTENZE
Departures

AUTOGRILL

PARTENZE Departures
BIGLIETTERIE
Ticket counter
8
CHECK-IN
AREA
9

A5
A5
A5
A4
A4

Europcar
Europcar
YOU RENT A LOT MORE THAN A CAR.
AUTONOLEGGIO
Car hire
NORD-SUD
North-South
ARRIVI
Arrivals B

MMERCE INFO CENTER

NORD/SUD
North/South
BNL

SALA
AMICA

PASSAGGIO DI SERVIZIO
Staff only
INFORMAZIONI
Information
IMBARCHI
Gates
A1-16

PARCHEGGIO SUD
Car park South
PARCHEGGIO SUD
Car park South
+1

TELECOM
PARTENZE

D

略歴

エットレ・ソットサス

1917年、オーストリアのインスブルックに生まれる。1939年、トリノ工科大学建築学科卒業。1947年、ミラノに事務所を開設して建築とデザインの仕事に携わる。しかし彼のデザインの仕事は文化活動に付随してのものであった。彼は各種のトリエンナーレ展、イタリアや諸外国での団体あるいは個人での展覧会に参加する。彼は戦前及び戦後を通じて革新的なデザインによって国際的に活躍した。

1958年、デザインコンサルタントとしてオリベッティ社の仕事を開始。彼はそこでたくさんのデザインを行ったが、1959年にはイタリア最初のコンピュータをデザインしている。またのちにはコンピュータ関連のさまざまな周辺機器、あるいはプラクシス、テクネ、エディター、ヴァレンタインのようなタイプライターをデザインした。ヴァレンタインは現在、ニューヨークの近代美術館（MoMA）のパーマネントコレクションになっている。

ソットサスはイギリスの諸大学での長期にわたる講演旅行のあと、ロンドンのロイヤル・カレッジ・オブ・アートから名誉博士号を贈られた。1980年、彼はソットサス・アソシエイツを設立し、建築家またデザイナーとしての活動を続ける。翌年、彼は同僚、友人、それに国際的に著名な建築家たちと「メンフィス」を立ち上げたが、これはたちまち「ヌォーヴォ・デザイン」の旗艦となり、現代における前衛運動のランドマークとなった。彼の作品はニューヨーク、パリ、シドニー、デンバー、ストックホルム、ロンドン、サンフランシスコ、トロントといった重要な都市の主要な美術館のパーマネントコレクションになっている。彼のごく最近受けた栄誉としては、1992年のフランス共和国の美術文学アカデミーからの「オフィシェ」の称号、1993年のロードアイランド・デザイン・スクールからの名誉博士号、1994年のハノーヴァーのインダストリー・フォーラム・デザインからのIFアワード・デザイン・コッヘ 、1996年のロンドンのロイヤル・カレッジ・オブ・アートからの名誉博士号とニューヨークのブルックリン美術館のデザイン・プライズなどがある。

マルコ・ザニーニ

1954年、イタリアのトレントに生まれる。1976年フィレンツェ大学建築学部卒業。1980年、ソットサス・アソシエイツの共同設立者となり、現在、そのマネージングディレクターを務める。彼はメンフィス・グループの創立者の一人でもあり、のちに世界の主要な美術館や画廊で展示され一流のデザイン雑誌に紹介されるたくさんのコレクションをデザインした。ソットサス・アソシエイツにおいては事務所のもっとも重要なプロジェクトのデザインを手がけており、それはアソシエイツの仕事の全領域にわたっている。

ジョアンナ・グラヴンダー

1961年、カリフォルニア州サンディエゴに生まれる。1984年、サン・ルイ・オビスポとフィレンツエにあるカリフォルニア州立工科大学建築学部卒業。1985年、ミラノに移住。1989年、パートナーとしてソットサス・アソシエイツに加わる。以来、彼女はコロラドのウルフ邸、ハワイのオラブエナガ邸、東京のユーコ邸、ラヴェンナの現代家具博物館、中国のゴルフクラブハウスと集合住宅、その他オーストラリア、シンガポール、ベルギーに建つ住宅などを含むアソシエイツのもっとも重要な建築のプロジェクトのデザインにかかわってきた。

マイク・ライアン

1961年、カリフォルニア州ロングビーチに生まれる。1985年、サン・ルイ・オビスポとフィレンツェにあるカリフォルニア州立工科大学建築学部卒業。同年、ヴェネツィア・ビエンナーレの国際建築展に作品を展示し、ミラノに移住してソットサス・アソシエイツに加わる。1989年以来パートナーとしてたくさんのインテリアと建築のプロジェクトに携わる。その主なものに、ミラノのマルペンサ2000空港のインテリア、大阪のフラワードーム・ベースボールスタジアム、福岡のバー「ジビッボ」、イタリア、トスカーナ州のチェイ邸、アリタリア社のVIPラウンジシステム、韓国の仁川市の都市開発計画などがある。

ジェームズ・アーヴィン

1958年、ロンドンに生まれる。1984年、ロイヤル・カレッジ・オブ・アート卒業。同年イタリアに移住、オリベッティ・デザイン・スタジオに加わる。1987年、東京に移住して東芝のためにインダストリアルデザインのリサーチを行う。1993年以来ソットサス・アソシエイツのパートナー。現在、事務所のデザイン部門に属し、シーメンス社、カルデウェイ社、ツムトーベル社、テレコム社、ザノッタ社、アイデアル・スタンダード社などのクライアントのためにきわめて評価の高いデザインを行っている。

マリオ・ミリツィア

1965年、ミラノに生まれる。1986年、グラフィックデザインでディプロマを得る。1989年、ソットサス・アソシエイツに加わり、1993年、そのパートナーとなる。事務所のグラフィックデザイン部門のヘッドとして、ヴェネツィア、ビエンナーレ、パリのジョルジュ・ポンピドゥ・センター、オリベッティ社、シーメンス社、アレッシ社、アヴェット・ラミナーティ社、エルグ・ペトローリ社、リッツォーリ社などのための重要なグラフィックデザインやCIプロジェクトを行っている。また1998年には雑誌「FA」を創刊した。彼のデザインやインスタレーションは、ジュネーヴのマムコ、グルノーブルのマガサン、アムステルダムのデ・アッペルを含むイタリア国内外の美術館や画廊で展示されている。

クリストファー・レッドファーン

1972年、イギリスのバートン・アポン・トレントに生まれる。イギリス及びドイツで学んだのちデザインの学位を得る。1994年、香港と中国でインダストリアル・デザイナーとして活動を開始。のちストックホルムに移り、建築事務所で働く。1996年、ソットサス・アソシエイツに加わり、1999年パートナーとなり、現在、デザイン部門のヘッドをつとめる。アソシエイツではセイコー社、テレコム・イタリア社、カルデウェイ社、アグファ社、シーメンス社などのデザインを手がけている。

Bibliography

General Bibliography

Ambaz, E. Italy: The New Domestic Landscape, Museum of Modern Art, New York, 1972.

Branzi, A. Il design italiano: 1964/1990, Electa, Milan, 1996.

———. La casa calda, Idea Book, Milan, 1984.

———. Moderno, posterno, millenario, Studio Forma, Milan, 1980.

Burney, J. Ettore Sottsass, Trefoil, London, 1991.

De Bure, G. Ettore Sottsass, Jr, Rivages, Paris, 1987.

De Castro, F. Ettore Sottsass: scrap-book, Milan, 1976.

Der Fall Memphis oder die Neomoderne, Hochschule Für Gestaltung, Offenbach, 1984.

Design als Postulat. Am Beispiel Italien, IDZ, Berlin, 1973.

Ettore Sottsass, Centre Georges Pompidou, Paris, 1994.

Ettore Sottsass: de l'object fini à la fin de l'object, Musée des Arts Décoratifs, Paris, 1976.

Ettore Sottsass: Drawings over Four Decades, Ikon Gallery, Frankfurt, 1990.

Ettore Sottsass sr. architetto, Electa, Milan, 1991.

Ferrari, F. Ettore Sottsass: tutta la ceramica, Allemandi, Turin, 1996.

Fossati, P. Il design in Italia: 1945–72, Einaudi, Turin, 1972.

Gaon, I. Ettore Sottsass, Jr., Israel Museum, Jerusalem, 1978.

Hoger, H. Ettore Sottsass, Jr., Wasmuth, Berlin, 1993.

Horn, R. Memphis: Object, Furniture, and Pattern, Running Press, Philadelphia, 1985.

Kontinuität von Leben und Werk: Arbeiten 1955–1975 von Ettore Sottsass, Berlin, 1976.

Martorana, A. Ettore Sottsass: storie e progetti di un designer italiano, Alinea, Florence, 1983.

Memphis: ceramiques, argent, verre 1981–1987, Musée d'Art Décoratifs, Marseille, 1991.

Navone, P., and B. Orlandoni, Architettura radicale, Milan, 1974.

Pettena, G. La città invisibile: architettura sperimentale 1965/75, Florence, 1983.

Radice, B. Ettore Sottsass, Electa, Milan, 1993.

———. Gioielli di architetti, Electa, Milan, 1987.

———. Memphis: ricerche, esperienze, risultati, falli-menti e successi del nuovo design, Electa, Milan, 1984.

———. Memphis: The New International Style, Electa, Milan, 1981.

Sambonet, G. Ettore Sottsass, Mobili e qualche arredamento, Mondadori, Milan, 1985.

Santini, P.C., Facendo mobili con . . . , Florence, 1977.

Sato, K. Alchymia. Neverending Italian Design, Tokyo, 1985.

Shapira, N. Design Process Olivetti: 1908–1978, Wright Art Gallery, Los Angeles, 1979.

Sottsass Associati, Rizzoli, New York, 1988.

Sottsass Associati, Architetture 1985/1990, Milan, 1990.

Sottsass Associati, Arrêt sur l'image, Edizioni l'Archi-volto, Milan, 1993.

Sottsass Associati, Design 1985/1990, Milan, 1990.

Sottsass Associati, Dodici interni, Terrazzo, Milan, 1996.

Sottsass Associati, Graphic Design 1985/1990, Milan, 1990.

Sparke, P. Ettore Sottsass, Jr., Design Council, London, 1982.

Thomé, P. Ettore Sottsass, Jr.: De l'object à l'environ-ment, Geneva, 1991.

By Ettore Sottsass

Glass Works, Vitrum, Venice, 1998.

Lo specchio di Saffo, Postdesign, Milan, 1998.

Architetture indiane e dintorni, Naples, 1998.

151 Drawings, Gallery Ma, Tokyo, 1997.

The Curious Mr Sottsass: Photo Design and Desire, Thames & Hudson, London, 1996.

Memorie de Chine, Gallery Mourmans, Knokke, 1996.

Big & Small Works, Gallery Mourmans, Knokke, 1995.

Walls, Terrazzo, ed., Milan, 1995.

Ceramics, Stemmle, Zurich, 1995.

Adesso però—Reiseerinnerungen, Hatje Verlag, Hamburg, 1994.

La darrera oportunitat d'esser avantguarda, Centre d'Art Santa Monica, Barcelona, 1993.

Rovine, Design Gallery, Milan, 1992.

Advanced Studies 1986–1990, Yamagiwa Art Fundation, Tokyo, 1990.

Design Metaphors, Idea Books, Milan, 1988.

Bharata, Design Gallery, Milan, 1988.

C'est pas facile la vie, Il Melangolo, Milan, 1987.

Curio cabinet, mirror, chairs, tables, sideboards, pedestal, credenzas, Blum Helman Gallery, New York, 1987.

Esercizio Formale no. 2, Studio Forma/Alchimia, Milan, 1980.

Esercizio Formale, Milan, 1979.

Miljo for en ny planet, National Museum, Stockholm, 1969.

Photography Credits

Aldo Ballo, 2, 70–71, 73, 75, 84, 87
Olivo Barbieri, 262–65, 272–74
Adolf Bereuter (courtesy of Zumtobel),148
Bergamo e Basso, 66–67
Riccardo Bianchi, 229
Santi Caleca, 6, 13, 15–16, 23, 77, 95, 98–107, 110–11, 119–23, 125–34, 138, 140–41, 144–47, 151–53, 177–81, 200–7, 209–11, 220–21, 242–47, 251, 254–55, 276
Ugo Colombo, 238–39
Grey Crawford, 114–17 (bottom photo)
Alberto Fioravanti, 29–31
Weine Fuji, 8
Mitsumasa Fujitsuka, 135–37
Futagawa & Associates, 172, 174
Moreno Gentili, 270
Johanna Grawunder, 184–85, 189
Pino Guidolotti, 82–83
Erik and Petra Hesmerg, 35
Fritz Lampelmayer (courtesy of Zumtobel), 149
Davide Mosconi, 213–17, 219
Nakasa & Partners, 154
Helmut Newton, 192–95, 248, 252–53
Ramazzotti e Stucchi, 91
Kishin Shinoyama, 175
Studio Azzurro, 51–53, 62–63
Studio Casali, 25, 59–61
Studio Pointer (courtesy of Gallery Bruno Bischofberger), 38–39
Marco Zanini, 208
Wolfgang Zwietasch (courtesy of Knoll), 142–43

訳者略歴

横山 正（よこやま・ただし）
1939年　岐阜市に生れる
1967年　東京大学大学院建築学専攻、博士課程中退
現　在　東京大学大学院総合文化研究科教授・工学博士

日本語版編集担当　吉田昌弘

巨匠エットレ・ソットサス

発　行　2000年4月15日Ⓒ

編　者　ミルコ・カルボーニ
著　者　アンドレア・ブランジ ほか
訳　者　横山 正
発行者　平田翰那
発行所　鹿島出版会
107−8345 東京都港区赤坂六丁目5番13号
電話 03（5561）2550　振替 00160−2−180883

ISBN4−306−04399−1　C3052　Printed in Italy